Alex O'Dwyer

J'ÉCOUTE
JE LIS
J'ÉCRIS !

3ᴿᴰ Edition

Listening, Reading and Writing Exercises for Junior Certificate French

Gill & Macmillan
Hume Avenue
Park West
Dublin 12
with associated companies throughout the world
www.gillmacmillan.ie

978 07171 5279 7

Print origination by Carrigboy Typesetting Services

The paper used in this book is made from the wood pulp of managed forests. For every tree felled, at least one tree is planted, thereby renewing natural resources.

For permission to reproduce photographs, the author and publisher gratefully acknowledge the following:

© Alamy: 6CT, 24T, 40TL, 40BR, 45 (b), 45 (e), 45 (d), 49, 67, 72, 80, 109B, 111, 112B, 113, 114, 211, 212, 221, 224, 235, 241; © Getty Images: 6CB, 6B, 7T, 24CT, 24CB, 24B, 25T, 25CT, 25CB, 25B, 26, 37T, 37CT, 37CB, 37B, 40TC, 40TR, 40BL, 40BC, 45 (g), 45 (h), 45 (a), 45 (c), 45 (f), 48, 60, 61, 70, 73, 75, 93, 109T, 112T, 124, 135, 135T, 135C, 135B, 137, 147TR, 147TL, 147BL, 147BR, 210L, 210R, 236; © Mogens Andersen: 223; © Photolibrary: 6T; © Rex Features: 7BT, 7C, 7CB, 7BT, 183B, 183T; © sametbilgen: 125.

The author and publisher are grateful to the following for permission to reproduce copyrighted material:

'Ke$ha', *Star Club*, reprinted by permission of Edi Presse; 'Les liens les plus zen du net' *Star Club* reprinted by permission of Edi Presse.

The author and publisher have made every effort to trace all copyright holders, but if any has been inadvertently overlooked we would be pleased to make the necessary arrangement at the first opportunity.

Table of Contents

Introduction

Many Junior Certificate students, even though they have studied French for three years or more and have covered all of their course, do not do themselves justice in the exam. This is because they often do not know what is expected of them are not familiar with the type of questions they will be asked. This book has been written with a view to tackling this problem. It provides exam practice for the Junior Certificate in each of the three sections of the French exam: reading comprehensions, listening comprehensions and written exercises.

How this book will help you

This book is divided into 20 chapters, each with a different and progressively more difficult topic. Each chapter is divided into three sections, each with its own symbol.

Je lis

This section begins with a vocabulary section which lists the most important words and phrases for the topic. You need to learn these words as they will frequently appear in the exam and you will also need to be familiar with them before attempting the other sections. There then follows a wide range of reading comprehensions and a variety of imaginative exercises based on the exam layout.

J'écoute

Listening comprehension is worth 43% in the Junior Certificate exam at both Higher and Ordinary Levels. Therefore it is important that students get a lot of practice listening to authentic material and answering a variety of exam-type questions.

indicates where a track appears on the Student's CD.

indicates where a track appears on the Teacher's CD for use in the classroom. The script for the Teacher's CD is available online at gillmacmillan.ie.

 J'écris

The final section of each chapter provides you with lots of examples of the type of written questions you will be asked in the exam: informal letters, formal letters, postcards, notes and messages.

Exam Focus

Throughout the book you will see *Exam Focus* boxes. These give guidance on what topics are most frequently asked in the exam and how best you can improve your marks.

Now Test Yourself

Each chapter finishes with a *Now Test Yourself* exercise. These will help you see how well you know the key language of that topic and check how you are progressing. Solutions for *Now Test Yourself* exercises are available for students at gillmacmillan.ie.

I hope you enjoy doing the exercises in *J'écoute, Je lis, J'écris !* and that the practice gives you the confidence to successfully tackle the Junior Certificate exam.

Bon courage à tous.

Alex O'Dwyer

Chapitre 1

Je me présente

 ## Je lis

In this chapter people describe themselves and their families, they talk about their ages, their dates of birth, the languages they speak and their nationalities.

Exam Focus

In the reading and listening comprehensions you will need to understand people describing themselves and their families. The following phrases will help you and will also be important for the written section when you are writing about yourself and your family.

Greetings

Bonjour/Salut	*Hello*
Au revoir/Salut	*Goodbye*
Bonsoir	*Good evening*
Merci	*Thank you*
S'il vous plaît	*Please*
De rien	*You're welcome*
Ça va ?/Comment vas-tu ?/Comment allez-vous ?	*How are you?*
Bien, merci	*Well, thanks*
Et toi ?/Et vous ?	*And you?*

Nom

Je m'appelle Paul/Marie	*My name is Paul/Marie*
Il/Elle s'appelle	*His/Her name is*

Âge

J'ai quatorze ans	*I am fourteen*
Il/Elle a quinze ans	*He/She is fifteen*
Je vais avoir quatorze ans le mois prochain	*I will be fourteen next month*
Je viens d'avoir quatorze ans	*I have just gone fourteen*

Date de naissance

Mon anniversaire est le
Je suis né(e) le

premier	dix-sept	janvier
deux	dix-huit	février
trois	dix-neuf	mars
quatre	vingt	avril
cinq	vingt et un	mai
six	vingt-deux	juin
sept	vingt-trois	juillet
huit	vingt-quatre	août
neuf	vingt-cinq	septembre
dix	vingt-six	octobre
onze	vingt-sept	novembre
douze	vingt-huit	décembre
treize	vingt-neuf	
quatorze	trente	
quinze	trente et un	
seize		

Description

	grand/grande	*tall*
Je suis	petit/petite	*small*
Il/Elle est	de taille moyenne	*of average height*
	mince	*thin*
	gros/grosse	*fat*

très	*very*
assez	*quite/fairly*
trop	*too*
un peu	*a bit*
beaucoup	*a lot*

J'ai Il/Elle a	les yeux	bleus	*blue*
		gris	*grey*
		bruns	*brown*
		verts	*green*
		marron	*hazel*

J'ai	les cheveux	longs	*long*
		noirs	*black*
		frisés	*frizzy*

Il/Elle a	les cheveux	courts	*short*
		bruns	*brown*
		bouclés	*curly*
		blonds	*blond*
		raides	*straight*
		roux	*red*
		châtains	*chestnut*

Je suis Il/Elle est	intelligent(e)	
	patient(e)	
	bavard(e)	*talkative*
	beau/belle	
	sportif/sportive	
	compréhensif/compréhensive	*understanding*
	paresseux/paresseuse	*lazy*
	ambitieux/ambitieuse	
	sérieux/sérieuse	
	sociable	
	timide	*shy*
	sympathique	*nice*

Famille

J'ai	un frère		pas de sœur
	deux frères	et	une sœur
	trois frères		deux sœurs

Je n'ai pas de frères et sœurs		I have no brothers or sisters
Je suis	enfant unique	I'm an only child
	fille unique	only daughter
	fils unique	only son

ma mère	my mother
mon père	my father
ma grand-mère	my grandmother
mon grand-père	my grandfather
mon mari/mon époux	my husband
ma femme/mon épouse	my wife
mon petit ami	my boyfriend
ma petite amie	my girlfriend

Nationalité

	irlandais(e)	Irish
	anglais(e)	English
	français(e)	French
	espagnol(e)	Spanish
	allemand(e)	German
	africain(e)	African
Je suis Il/Elle est	hollandais(e)	Dutch
	américain(e)	American
	italien(ne)	Italian
	australien(ne)	Australian
	canadien(ne)	Canadian
	suisse	Swiss
	belge	Belgian

	irlandais	I speak Irish
Je parle	anglais	I speak English
	un peu de français	a little French

J'habite	à Dublin	en Irlande
	à Lyon	en France
	à Lisbonne	au Portugal
	à Boston	aux États-Unis

Exercice 1

Tick the correct answer for each question.

J'habite à New York.

1. Je suis anglais ❏
2. Je suis espagnol ❏
3. Je suis américain ❏
4. Je suis suisse ❏

Je suis bavard.

1. Je joue au hockey et au basket ❏
2. Je parle tout le temps en classe ❏
3. Je joue du piano ❏
4. Je suis très timide ❏

Je suis né en hiver.

1. Mon anniversaire est le deux octobre ❏
2. Mon anniversaire est le dix-huit août ❏
3. Mon anniversaire est le cinq juillet ❏
4. Mon anniversaire est le treize janvier ❏

Il y a cinq enfants dans ma famille.

1. J'ai deux frères et trois sœurs ❏
2. Je suis enfant unique ❏
3. J'ai trois sœurs et un frère ❏
4. J'ai deux frères et je n'ai pas de sœurs ❏

Exercice 2

Read the following ads for penpals and then do the exercise which follows.

Salut, moi, je m'appelle Marc et je suis français. J'ai quinze ans. Je cherche une correspondante irlandaise ou anglaise qui a le même âge que moi. Je suis grand et j'ai les cheveux bruns et les yeux bleus. Je suis de nature calme et sérieuse. J'aime le sport. Je parle français, anglais et espagnol. N'oubliez pas de m'envoyer une photo.

Moi, je m'appelle Alice et je suis irlandaise. J'habite à Tralee dans le comté de Kerry. J'aimerais correspondre avec un jeune garçon de mon âge. J'ai treize ans et mon anniversaire est le huit août. Je suis fille unique. Je suis petite et mince. J'ai les yeux bleus et les cheveux roux. Je parle irlandais, anglais et français. Écrivez-moi vite.

Moi, je m'appelle Carla et je suis espagnole. J'habite près de Madrid avec ma famille : mes parents, mes deux sœurs et mon frère. Je suis la cadette de la famille et j'aurai seize ans le mois prochain. Je suis assez belle avec les yeux bruns et les cheveux châtains bouclés. J'aimerais correspondre avec des jeunes français ou espagnols de 15 à 18 ans. Je répondrai à tous et à toutes.

Salut, moi c'est David et j'habite en Italie. J'aimerais beaucoup avoir des copains et des copines qui m'écrivent de temps en temps. J'ai dix-sept ans. J'aime tous les sports et j'adore la musique rock. De nature, je suis sportif, intelligent et sociable. Je parle italien, français et un peu d'anglais. Ma réponse est assurée.

Tick the correct box.

	True	False
1. David speaks Italian, French and a little German.	❏	❏
2. Carla is sixteen.	❏	❏
3. Alice has no brothers or sisters.	❏	❏
4. Marc is looking for a female correspondent.	❏	❏
5. Alice is tall and thin.	❏	❏
6. Two correspondents promise to reply.	❏	❏

Exercice 3

Match the following famous people to the correct descriptions by linking each number with the corresponding letter.

PERSON	DESCRIPTION
1. Rapunzel ☐	(a) Je suis brun avec les yeux bleus et je suis petit. J'aime faire des blagues et je suis courageux. Je cours très vite.
2. Bart Simpson ☐	(b) J'ai les cheveux courts et noirs, et les yeux bleus. Je suis grand, beau et courageux. Je sors le soir.
3. Jerry ☐	(c) Je suis américain. Je n'ai pas de cheveux. J'ai de très grandes oreilles et des yeux noirs. Je suis mignon.
4. Mickey Mouse ☐	(d) Je suis américain. J'ai dix ans et j'ai les cheveux blonds et les yeux bleus. Je suis bavard et j'ai deux sœurs.
5. Batman ☐	(e) J'ai les cheveux blonds très longs et les yeux bleus. Je suis belle. Je suis enfant unique. J'habite une tour.

Exercice 4

Cherchez les mots !

Find the French for the following words horizontally and vertically, forwards and backwards.

IRISH	JANUARY	TWENTY	THIN
GERMAN	APRIL	SIXTEEN	LAZY
SPANISH	JULY	THIRTY	SHY
BELGIAN	AUGUST	NINE	TALL
SWISS	MAY	FIVE	FAT

T	I	M	I	D	E	A	F	S	O	R	G
S	R	A	R	E	G	E	C	N	I	M	R
A	L	L	E	M	A	N	D	Q	N	I	C
D	A	N	E	V	I	A	V	R	I	L	S
R	N	O	S	N	L	I	E	G	B	A	P
E	D	P	P	A	R	E	S	S	E	U	X
I	A	R	A	S	L	T	T	A	L	O	N
V	I	N	G	T	D	N	A	R	G	N	E
N	S	O	N	R	I	E	V	P	E	S	U
A	L	A	O	U	T	R	H	R	N	D	F
J	U	I	L	L	E	T	E	Z	I	E	S
I	A	M	E	S	S	I	U	S	Q	N	T

Exercice 5

Here is a letter written by Marie to her new penpal. Read it and then answer the questions which follow.

Nantes, le 11 octobre

Cher Conor,

Je m'appelle Marie et je suis ta nouvelle correspondante française. J'habite à Nantes en Bretagne, dans le nord-ouest de la France. J'ai quatorze ans mais mon anniversaire est le deux novembre alors j'aurai bientôt quinze ans. Quel âge as-tu ?

Je suis grande et mince. J'ai les cheveux longs et blonds, et les yeux verts. Je suis sportive, mais un peu timide. Je parle français, anglais et un petit peu d'allemand. Et toi, tu parles quelles langues ?

J'ai deux frères et je n'ai pas de sœur. Mes frères s'appellent Nicolas et Paul. Nicolas a dix-sept ans. Il a les cheveux bruns et bouclés, et les yeux bruns. Je pense qu'il est très beau. Il est ambitieux et très sympathique. Paul a treize ans. Il a les cheveux bruns et les yeux verts. Il est intelligent mais paresseux. Est-ce que tu as des frères et sœurs ?

J'attends ta lettre avec impatience. À bientôt.

Amitiés,
Marie

QUESTIONS

1. Where does Marie live?
2. What age is Marie?
3. Describe what Marie looks like (three points).
4. What languages does Marie speak?
5. How many brothers and sisters has Marie got?
6. What ages are they?
7. Describe what Nicolas looks like.
8. Describe Paul's personality.

Exercice 6

Now read Conor's reply to Marie and answer the questions which follow.

Dublin, le 2 novembre

Chère Marie,

Merci beaucoup de ta lettre. J'espère que tu vas bien. Je m'excuse de ne pas avoir écrit plus tôt mais j'étais en vacances avec ma famille dans le Donegal. Nous avons passé une semaine dans un village au bord de la mer qui s'appelle Dunfanaghy.

Il y a cinq personnes dans ma famille : mes parents, mes deux sœurs et moi. J'ai quinze ans et je suis l'aîné de la famille. Mon anniversaire est le sept octobre. Je suis grand, avec les yeux bleus et les cheveux bruns. J'aime le sport, surtout le foot et le rugby. Je suis bavard et sociable. Je parle anglais et un peu de français et d'irlandais.

Mes deux sœurs s'appellent Sileagh et Clodagh ; elles ont douze ans et dix ans. Sileagh est grande et elle a les cheveux longs et blonds et les yeux gris. Clodagh est de taille moyenne avec les yeux bleus, et les cheveux bruns et bouclés. Je m'entends assez bien avec elles. Mon père est électricien et ma mère travaille dans un magasin.

J'habite à Dublin à dix kilomètres du centre-ville. Il y a huit cents élèves dans mon école ; c'est une école mixte. Je suis en troisième et j'aime bien mon école.

Et toi ? Parle-moi un peu de ton école dans ta prochaine lettre. Écris-moi bientôt et joyeux anniversaire.

Amitiés,
Conor

QUESTIONS

1. Why did Conor not write sooner?
2. Where does Conor come in the family?
3. Describe his personality.
4. What languages does he speak?
5. What ages are his sisters?
6. Describe his sister Clodagh.
7. What do his parents do?
8. Describe his school.

 **J'écoute**

Exercice 1 · Les jeunes se présentent

 Track 1

Listen to the following recording in which three young people introduce themselves. Fill in the information in the grid.

1.

Name:
Age:
Date of birth:
Colour of hair:
Colour of eyes:
Nationality:
One personality trait:
No. of brothers and sisters:
Languages spoken:

2.

Name:
Age:
Date of birth:

| Colour of hair: |
| Colour of eyes: |
| Nationality: |
| One personality trait: |
| No. of brothers and sisters: |
| Languages spoken: |

3.

| Name: |
| Age: |
| Date of birth: |
| Colour of hair: |
| Colour of eyes: |
| Nationality: |
| One personality trait: |
| No. of brothers and sisters: |
| Languages spoken: |

Exercice 2 · Mon meilleur ami

 Listen to the following people describing their best friends and fill in the information below.

Friend's Name	Age	Physical Description	Personality
1.			
2.			
3.			
4.			

Exercice 3 · Les anniversaires

 Track 2

Listen to the following people give their ages and their birthdays. Fill in the information below.

Name	Age	Birthday
1.		
2.		
3.		
4.		
5.		
6.		
7.		
8.		
9.		
10.		

J'écris

Exercice 1

Complete the following sentences.

1. Elle habite à Madrid. Elle est _____.

2. Je n'ai pas de frères et sœurs, je suis _____ unique.

3. Il habite à San Francisco, aux _____.

4. Il a les _____ bleus et les cheveux bruns.

5. Je suis de _____ moyenne.

6. Elle adore le basket et le foot, elle est très _____.

7. J'ai deux frères mais je n'ai pas de _____.

8. Je suis né le jour de la Saint-Patrick, le dix-sept _____.

9. Je vais avoir quinze ans la semaine _____.

10. Mon _____ est le quinze mai.

Exercice 2

Write a short description of your best friend.

Exercice 3 · Exam practice

Informal letters

Write a letter to a new French penpal telling them all about yourself. Include information about the following:

* your age and birthday
* number of brothers and sisters and their ages
* a description of yourself
* where you live.

You can use Marie and Conor's letters (from pages 9–11) to help you.

Exam Focus

Layout of informal letters: The place and date must be on the same line towards the top right-hand corner e.g. Dublin, le 15 juin. The month should not be given a capital letter and it is best to write the date in numbers. If it is written out as a word the spelling must be correct.

Opening:	
Cher Paul/Chère Marie	*The letter should open with Dear...*
Starting off:	
Merci beaucoup de ta lettre	*Thanks a lot for your letter*
Je m'excuse de ne pas avoir écrit plus tôt	*I'm sorry for not having written sooner*
J'espère que tu vas bien	*I hope that you are well*
Closing the letter:	
C'est tout pour le moment	*That's all for now*
J'attends avec impatience ta prochaine lettre	*I can't wait for your next letter*
J'espère te lire bientôt	*Hope to hear from you soon*
Meilleurs vœux à tes parents	*Best wishes to your parents*
Écris-moi bientôt	*Write to me soon*
Signing off:	
Amitiés/Amicalement	*Best wishes*

Now Test Yourself

Translate the following sentences about Thomas into French.

1. My name is Thomas.

2. I am fifteen.

3. My birthday is the eleventh of February.

4. I am tall and thin.

5. I have blue eyes and brown hair.

6. I am serious and shy.

7. I have two sisters and one brother.

8. I speak English and Irish.

9. I live in Cork, in Ireland.

10. Write to me soon.

Chapitre 2

Un, deux, trois

 ## Je lis

This chapter deals with numbers. It is very important for the Junior Certificate exam to know your numbers well.

Exam Focus

You will need to know numbers well in order to understand people's ages, numbers of brothers and sisters, dates of birth, telephone numbers, prices and the time. These are questions that are often asked in the exam.

In Chapter One we looked at the numbers 1–31 when we did dates of birth. In this chapter we will look at the remaining numbers.

Phone numbers in France are called out in double or triple digits e.g. 04 89 26 42 11 or 433 22 10 86. Mobile phone numbers usually begin with a 06 e.g. 06 52 78 34 12.

Les nombres

trente 30	soixante-dix 70	quatre-vingt-dix 90
trente et un 31	soixante et onze 71	quatre-vingt-onze 91
trente-deux 32	soixante-douze 72	quatre-vingt-douze 92
quarante 40	soixante-treize 73	cent 100
quarante et un 41	soixante-quatorze 74	cent un 101
quarante-deux 42	soixante-quinze 75	cent deux 102
cinquante 50	soixante-seize 76	deux cents 200
cinquante et un 51	soixante-dix-sept 77	deux cent un 201
cinquante-deux 52	soixante-dix-huit 78	mille 1000
soixante 60	soixante-dix-neuf 79	mille un 1001
soixante et un 61	quatre-vingts 80	deux mille 2000
soixante-deux 62	quatre-vingt-deux 82	un million 1,000,000

Quelle heure est-il ?

9.00 – Il est neuf heures	9.40 – Il est dix heures moins vingt Il est neuf heures quarante
9.05 – Il est neuf heures cinq	
9.15 – Il est neuf heures et quart Il est neuf heures quinze	9.45 – Il est dix heures moins le quart Il est neuf heures quarante-cinq
9.30 – Il est neuf heures et demie Il est neuf heures trente	12.00 – Il est midi Il est minuit

Des expressions importantes

Une fois	once
Deux fois par semaine	twice a week
Une douzaine	a dozen
Une quinzaine	about fifteen
Une quinzaine (de jours)	a fortnight
Un demi	a half
La moitié (de)	(the) half (of)
Huit sur dix	eight out of ten
Un virgule cinq	one point five
Beaucoup de	a lot of
La plupart de	most of
Quel âge as-tu/avez-vous ?	What age/How old are you?
Quel est ta/votre date d'anniversaire ?	What date is your birthday?
Mon téléphone portable	my mobile phone
Mon numéro de téléphone est le	My phone number is…
Ça coûte combien ?	How much does that cost?
Ça fait combien ?	How much does that come to?
Quel est ton/votre numéro de téléphone ?	What is your phone number?

Exercice 1

Unjumble the following fifteen numbers.

RGIENTQAVTU	SANOXETIETPS	ISEEZ
CNUNEIQAT	QRUCQNATINAE	TEZQROUA
XIUDITH	RNNFETTEUE	QNTDEIXNCUUAE
NEQZUI	GIQOTERUNVDZUEAT	NTXIODIEXAS
SRTIO	PETEOASXNSTI	NTEECUXD

Exercice 2

Chassez l'intrus – remember to say why it is the odd one out.

(a) EURO

(b) ARGENT

(c) CHAMBRE ☐

(d) MONNAIE

(a) TRÈS

(b) TREIZE

(c) TROIS ☐

(d) TRENTE

(a) DOUZAINE

(b) MILLE

(c) MAGASIN ☐

(d) CENT

(a) LA MOITIÉ

(b) SEPT SUR DIX

(c) À BIENTÔT ☐

(d) UN VIRGULE CINQ

Exercice 3

Match these times to the clocks.

(a) Il est dix heures moins le quart/neuf heures quarante-cinq ☐

(b) Il est treize heures vingt ☐

(c) Il est quatre heures et demie ☐

(d) Il est midi ☐

(e) Il est dix heures moins dix ☐

(f) Il est sept heures moins vingt-cinq ☐

(g) Il est dix heures quarante ☐

(h) Il est vingt-trois heures cinq ☐

(i) Il est deux heures dix ☐

(j) Il est quatre heures moins vingt. ☐

Exercice 4

Salut ! Je m'appelle Michel Garnier et je suis né le 24 mai 1994 à Toulouse. Je suis Gémeaux, donc je suis curieux, énergique et bavard. Je suis grand et j'ai les cheveux bruns courts et les yeux bruns.

J'ai un frère qui a douze ans et une demi-sœur, Julie. Mon meilleur ami s'appelle Pierre Leynaud et je le connais depuis l'âge de six ans. Il est sportif et sociable. Nous jouons dans la même équipe de rugby au lycée. Nous nous entraînons trois fois par semaine, le lundi et le mercredi soir, et le samedi matin. J'adore le rugby et cette année nous avons eu beaucoup de succès contre les autres équipes de notre région. Je joue aussi au foot et j'aime bien la natation.

(a) In the first paragraph Michel says he is:
   1. Sporty   ❑
   2. Talkative   ❑
   3. Shy   ❑
   4. Kind   ❑

(b) Describe his physical appearance.

(c) Who is Pierre Leynaud?

(d) How long has Michel known him?

(e) When does he have rugby training?

(f) Name another sport Michel plays.

Exercice 5

« Ma terminale »
Huit élèves à la loupe !
« Ma terminale » n'est pas une série comme les autres. Tournée comme un documentaire, elle met en scène des comédiens professionnels. L'histoire est simple : Margot passe son bac, option cinéma. Son projet est de filmer sa classe de terminale jour après jour. Ainsi, tu découvriras le quotidien de ses quinze camarades d'école. Pour l'heure, Hit Machine Girl te présente huit élèves, donc huit acteurs de ce programme à ne manquer sous aucun prétexte, tous les jours, du lundi au vendredi, à 17h15, à partir du 18 octobre !

Rôle : Thia Martin.
Nom : Boquien.
Prénom : Camille.
Ville d'origine : Le Mans, dans la Sarthe. Elle y a vécu jusqu'à ses 13 ans et s'y rend trois à quatre fois par an.
Passions : la musique, le cinéma et les fringues.
Ses trois qualités : indulgente, positive et débrouillarde.
Ses trois défauts : susceptible, autoritaire et têtue.
Activités pratiquées : la boxe française et le snow-board.

Rôle : Juliette Dreillard.
Nom : Le Jannou.
Prénom : Pauline.
Ville d'origine : Coubron, en Seine-Saint-Denis. Elle y a vécu vingt ans.
Passions : la comédie, le théâtre, la danse, la photographie et les voyages.
Ses trois qualités : nature, gentille et généreuse.
Ses trois défauts : impatiente, exigeante et gourmande.
Activités pratiquées : la danse, le body combat et le ski.

Rôle : Alexandre Coste.
Nom : Aubert.
Prénom : Clément.
Ville d'origine : Courbevoie, dans les Hauts-de-Seine, mais il a toujours vécu à Paris.
Passions : le théâtre et le cinéma.
Ses trois qualités : à l'écoute, volontaire et créatif.
Ses trois défauts : mal organisé, peu fiable, et il peut être excessif quand il ne va pas bien.
Activités pratiquées : le billard.

Rôle : Vanessa Pallazzio.
Nom : Weyeneth.
Prénom : Amélie.
Ville d'origine : Vernon, dans l'Eure.
Passions : le théâtre.
Ses trois qualités : perfectionniste, sociable et joviale.
Ses trois défauts : têtue, de mauvaise foi et trop tête en l'air.
Activités pratiquées : la danse.

Rôle : Idir Lounes.
Nom : Ouzane.
Prénom : Nadjim.
Ville d'origine : Orly, dans le Val-de-Marne. Il a des origines kabyles.
Passions : le théâtre, la musique, le sport et le cinéma.
Ses trois qualités : volontaire, respectueux et sincère.
Ses trois défauts : rancunier, direct et obstiné.
Activités pratiquées : aucune en particulier.

Rôle : Margot Villers.
Nom : Vencia.
Prénom : Laure.
Ville d'origine : Bayeux, dans le Calvados.
Passions : le théâtre, la danse et le chant.
Ses trois qualités : souriante, dynamique et sensible.
Ses trois défauts : obstinée, susceptible et impulsive.
Activités pratiquées : le volley-ball et l'équitation.

Rôle : Emmanuel Davin.
Nom : Clément.
Prénom : Alanic.
Ville d'origine : Paris, dans le 20e arrondissement.
Passions : la comédie, la musique, le cinéma et tout ce qui touche à l'art.
Ses trois qualités : attentionné, sociable et déterminé.
Ses trois défauts : excessif, nerveux et pessimiste.
Activités pratiquées : désormais aucune, mais il pratiquait la boxe thaïlandaise.

Rôle : Kevin Nax.
Nom : Quagliara.
Prénom : Thomas.
Ville d'origine : Mons, en Belgique. Il a des origines italiennes.
Passions : toutes les bonnes choses de la vie.
Ses trois qualités : ouvert, déterminé et fiable.
Ses trois défauts : râleur, tête en l'air et têtu.
Activités pratiquées : le rugby.

1. What is Margot's project?
2. How many classmates does she have?
3. On what days can you see the programme?

Fill in the following table for each of the eight students:

Role	Hobbies	Two qualities	Two faults	Sports played
Thia				
Margot				
Kevin				
Juliette				
Idir				
Vanessa				
Alexandre				
Emmanuel				

🔊 J'écoute

Exercice 1 · L'horloge parlante

Ⓣ Listen to the 24-hour talking clock and write in the times you hear.

1.	6.
2.	7.
3.	8.
4.	9.
5.	10.

Exercice 2 · Une lettre

◎ Track 3

Listen to Brigitte talking about herself and tick whether the following statements are true or false.

	True	False
1. Brigitte is thirteen years old.	❏	❏
2. Her birthday is on the third of July.	❏	❏
3. She was born in 1998.	❏	❏
4. Her house is no. 67.	❏	❏
5. She has two brothers and no sisters.	❏	❏
6. Her brothers are fourteen and nineteen.	❏	❏
7. Her Dad is forty-nine years old.	❏	❏
8. Her Mum is a teacher.	❏	❏
9. Brigitte's pastimes are cinema and sport.	❏	❏
10. Her phone number is 78 45 02 30.	❏	❏

Exercice 3 · Jeu de loto

 Track 4

Listen to the following recording of a bingo game and write down the numbers mentioned.

1.	6.
2.	7.
3.	8.
4.	9.
5.	10.

Exercice 4 · Quatre conversations

 Listen to four short conversations and answer the following questions.

1. (a) At what time will the train arrive?

    (b) At what platform will it arrive?

2. What is Paul's telephone number?

3. (a) At what time will the film start?

    (b) How much do the two tickets cost?

4. What is the telephone number mentioned?

J'écris

Exercice 1

Write out the following times in words.

1.	**12.25**
2.	**3.50**
3.	**5.10**
4.	**17.30**
5.	**16.45**
6.	**4.40**
7.	**8.15**
8.	**9.45**
9.	**11.15**
10.	**21.00**

Exercice 2

Fill in the missing words in the text, choosing the correct one from the box below.

suis	appelle	cheveux	sœurs
famille	parents	la	le
ans	anniversaire	habite	ont
demi	a	mon	frère

Moi, je m'_____ François et j'ai treize ans et _____. Mon _____est _____ huit avril. Je suis grand et j'ai les _____ bruns et les yeux bruns. Je _____ français et j'_____ à Lorient en Bretagne. Il y a six personnes dans ma _____. Il y a mes deux _____, Paul et Claire, et il y a moi, mes deux _____ et mon _____. Mes sœurs, Alexandra et Béatrice, _____ dix _____ et seize ans et _____ frère Nicolas _____ huit ans. J'adore le tennis et _____ natation.

Exercice 3 · Exam practice

Write a letter to your new penpal telling them the following information about yourself:

- your name is Mark/Marie
- you are fourteen years old
- your birthday is the tenth of July
- you have brown hair and blue eyes
- you have two brothers and one sister
- your sister's name is Jenny and she is twelve
- your brothers' names are David and Paul and they are twenty and eighteen
- you like sport
- ask them what age they are and when is their birthday.

Now Test Yourself

Translate the following into French.

1. 76
2. 49
3. 320
4. It is half past eight.
5. Five out of six
6. A lot of boys
7. What age are you?
8. How much does that cost?
9. Twice a week
10. A fortnight

Chapitre 3
Quel temps fait-il ?

 Je lis

The theme of this chapter is the weather.

Exam Focus

This topic is often examined in the listening comprehension section on both the Ordinary and the Higher Level papers. In the written expression section of both papers, where you have to write a letter and a postcard or a note, you are also often asked to describe the weather.

Il fait chaud	*It is hot*
Il fait froid	*It is cold*
Il pleut	*It is raining*
Il neige	*It is snowing*
Il gèle	*It is freezing*
Il y a du soleil	*It is sunny*
Il y a du vent	*It is windy*
Il y a du brouillard	*It is foggy*
Il y a des nuages	*It is cloudy*

Des expressions utiles

Quel temps fait-il ?	*What is the weather like?*
Quel temps faisait-il ?	*What was the weather like?*
Il faisait froid	*It was cold*
Il y avait du vent	*It was windy*
Il fait mauvais	*It is bad (i.e. the weather is bad)*
Il fait beau	*It is fine*
Il y avait du soleil	*It was sunny*
Il y aura du soleil	*It will be sunny*
Le soleil brille	*The sun is shining*
Le vent souffle	*The wind is blowing*
Le ciel est couvert	*The sky is overcast*
Il faisait beau temps	*The weather was good*
Il fera de 6 à 8 degrés à Londres	*It will be between 6 and 8 degrees in London*
Quel temps !	*What weather!*
Il n'a pas arrêté de pleuvoir depuis mon arrivée	*It hasn't stopped raining since I arrived*

Des mots clés

la météo	*the weather forecast*
une averse	*a shower*
la brume (brumeux)	*mist (misty)*
l'orage (orageux)	*storm (stormy)*
le nuage (nuageux)	*cloud (cloudy)*
la neige	*snow*
l'inondation	*flood*
la grêle	*hail*
les éclaircies	*bright spells*
la température	*temperature*
le verglas	*(black) ice*

Exercice 1

Match the following weather expressions to the correct picture.

1. Il fait froid ☐

2. Il y a du vent ☐

3. Il neige ☐

4. Il pleut ☐

5. Il y a des nuages ☐

6. Il y a du brouillard ☐

 a   b   c

 d   e   f

Exercice 2

Tick the correct box.

Il fait de 32 à 34 degrés.
(a) Il neige ☐
(b) Il fait chaud ☐
(c) Il fait froid ☐
(d) Il gèle ☐

Je vais faire du ski.
(a) Il fait mauvais ☐
(b) Il y a beaucoup de neige ☐
(c) Il y a du brouillard ☐
(d) Il pleut ☐

Il y a du verglas sur les routes.
(a) Il fait chaud ☐
(b) Il y a du soleil ☐
(c) Il gèle ☐
(d) Il y a des éclaircies ☐

Je vais aller à la plage.
(a) Le soleil brille ☐
(b) Il y a des nuages ☐
(c) Il fait froid ☐
(d) Le vent souffle ☐

Exercice 3

Read the following letter and answer the questions which follow.

Chère Alice,

Je m'appelle Marie et je suis ta nouvelle correspondante. J'ai quinze ans. Quel âge as-tu ? Je suis française et je parle français, anglais et un peu d'allemand. J'ai deux frères et je n'ai pas de sœurs. Mes frères s'appellent David et Vincent. Ils ont dix ans et treize ans. Et toi, tu as combien de frères et sœurs ?

Je suis grande et j'ai les cheveux blonds. Je suis de nature calme et optimiste, mais je suis un peu paresseuse. Je n'aime pas le sport.

J'habite à Nice, une assez grande ville dans le sud de la France. En été il fait très chaud à Nice. Le soleil brille presque tous les jours et il pleut rarement. Nous allons souvent à la plage. En hiver il fait froid et il y a souvent du vent. Quel temps fait-il en Irlande ? Est-ce qu'il pleut tout le temps ?

Je t'envoie une photo de moi et ma famille devant notre maison. Écris-moi bientôt.

Amitiés,

Marie

1. What age is Marie?
2. What languages does she speak?
3. What ages are her brothers?
4. Describe what Marie looks like.
5. Describe her personality.
6. In what part of France is Nice?
7. What is the weather like in Nice in the summer?
8. What is the weather like there in the winter?
9. What does she ask Alice about the weather in Ireland?
10. What is she sending Alice?

Exercice 4

Read the following weather report and answer the questions which follow in English.

AH BON,
c'est donc l'été !

Pas très bien parti notre premier jour d'été ! Le ciel s'annonce nuageux, parfois pluvieux sur les trois quarts du pays, avec des températures à la baisse. Ça se maintiendrait cependant à l'Est et sur le littoral méditerranéen.

1. What day is this forecast for?
2. What season is it?
3. Describe what the weather will be like (two points).

Exercice 5

Journée printanière
MERCREDI. Le 22 mars.

Bretagne, Pays de Loire, Basse-Normandie. La journée est assez agréable avec de belles périodes ensoleillées. Les températures varient entre 13 et 16 degrés.

Nord-Picardie, Ile-de-France, Centre, Haute-Normandie, Ardennes. Après dissipation des quelques bancs de brume et de brouillard présents en Nord-Picardie, le temps est bien ensoleillé. Il fera de 13 à 16 degrés.

Champagne, Lorraine, Alsace, Bourgogne, Franche-Comté. Le ciel est bien dégagé, le soleil brillera toute la journée. Il fera de 14 à 15 degrés sur la Champagne-Ardenne et la Lorraine, 16 à 17 sur l'Alsace et la Franche-Comté et de 16 à 18 sur la Bourgogne.

Poitou-Charentes, Aquitaine, Midi-Pyrénées. Beaucoup de soleil sur Midi-Pyrénées, avec des débordements nuageux par le sud qui peuvent occasionner des ondées sur les reliefs. Sur l'Aquitaine et les Charentes le ciel est voilé en matinée puis plus chargé l'après-midi, mais l'impression de beau temps prédomine. Il fera de 16 à 20 degrés.

Limousin, Auvergne, Rhône-Alpes. Le soleil est au rendez-vous sur ces régions. Un voile nuageux s'installe progressivement sur le Limousin. Il fera 13 à 15 degrés sur le Massif-Central, 15 à 17 sur Rhône-Alpes.

Languedoc-Roussillon, Provence-Alpes-Côte d'Azur, Corse. Les nuages sont très nombreux sur le Languedoc et sont accompagnés d'un vent de sud-est soutenu à 60 km/h en rafales. Ailleurs le beau temps domine. Il fera 13 à 15 degrés sur le Languedoc-Roussillon, entre 15 et 18 sur le reste de la région.

Tick the correct box.

	True	False
This weather forecast is for Wednesday the 22nd of March.	❏	❏
In Brittany and Normandy it will be a fine day with some nice sunny periods.	❏	❏
In Nord-Picardie and Ile-de-France the day will begin by being misty and foggy.	❏	❏
In Champagne, Lorraine and Alsace there will be rain.	❏	❏
In Poitou-Charentes it will be very windy.	❏	❏
The Auvergne region will see some sun today.	❏	❏
It will be cloudy and windy in the Languedoc region.	❏	❏

Exercice 6

COURRIER DES LECTEURS

Alice, 11 ans
J'ai un problème : je n'aime pas l'école, parce que je déteste notre prof. Elle n'arrête pas de crier et elle est toujours de mauvaise humeur. En plus, elle nous donne trop de devoirs. Je rentre à la maison à seize heures et j'ai au moins deux heures de devoirs à faire chaque soir.

Philippe, 11 ans
Je suis passé en sixième, mais je ne connais personne dans ma classe. Dans mon école primaire, il y avait deux cents élèves, et tout le monde se connaissait. Maintenant il y huit cents élèves et c'est très difficile de se faire des amis.

Marie, 13 ans
Cette année je pars en colonie avec mes amis dans le sud de la France. Il y a beaucoup de sports nautiques à la colonie : la voile, le surf, les promenades en bateau, le canoë. Comment avouer à mes amis que je ne sais pas nager ?

Paul, 13 ans
La vie est difficile pour moi en ce moment. J'ai eu de mauvaises notes à mes examens et maintenant mes parents ont decidé de m'inscrire dans un internat. J'ai essayé d'expliquer que je ne veux pas changer d'école mais mes parents ne m'écoutent pas.

Read the letters on the previous page from the schoolchildren. Name the person who:

	Name
Doesn't want to go to a boarding school	
Cannot swim	
Hates their teacher	
Knows nobody in their class	

 J'écoute

Exercice 1 · La météo

 Listen to the following weather forecast and fill in the grid.

Date of forecast	
Weather forecast	
Temperature in Paris	
Temperature in Nice	
Temperature in Bordeaux	

Exercice 2 · Des conversations au téléphone

 Track 5

Listen to the following two conversations and answer the questions.

1. What is Jeanne's telephone number?
2. What is the weather like in Ireland?
3. What is the weather like in Paris?

1. What is Claude's telephone number?
2. Where is Marc inviting Claude?
3. Why does Claude not want to go?
4. What does he plan on doing instead?

Exercice 3 · Les températures européennes

 Track 6

The following is a recording of a weather forecast for major European cities.
What date is this forecast for?

Complete the grid.

European city	Weather forecast	Temperature range
		10–12
	cloudy	
Brussels		
		9–11
Athens		

Exercice 4 · Les prévisions

Listen to the forecast and tick whether the following statements are true or false.

		True	False
1.	The forecast is for Tuesday the 20th May.	❏	❏
2.	In Paris it will be cold and windy.	❏	❏
3.	The temperatures will be between 14 and 16 degrees.	❏	❏
4.	In Normandy, Brittany and the Loire Valley the weather will be overcast and it will rain.	❏	❏
5.	In the North of France the weather will be good.	❏	❏
6.	In Lille it will be foggy and cold.	❏	❏
7.	Near the Alps and the Jura it will be cloudy.	❏	❏
8.	The temperatures will range between 17 and 20 degrees.	❏	❏
9.	In the South the weather will be quite nice.	❏	❏
10.	In Marseille and Lyon it will be hot and sunny.	❏	❏

✎ J'écris

Exercice 1

Look at the following pictures and write a sentence under each one describing the weather.

_____

_____

_____

_____

_____

_____

Exercice 2

Write three lines describing each of the following:

(a) what the weather was like last Sunday
(b) what the weather is like today
(c) what you would like the weather to be tomorrow.

Exercice 3 · Exam practice

You are on holidays in the South of France with your family. Write a postcard home to your friend in Ireland. In it mention:

- where you are on holidays
- for how long
- that you are enjoying yourself
- that the weather is warm and it is sunny
- an activity you are doing there
- ask what the weather is like in Ireland.

Exam Focus

Nice, le 8 juillet

Salut Marie,

[body of the postcard]

Amitiés,
Paul.

Opening phrases to help:

Me voici à (*town/city*)	*Here I am in ...*
Je suis en vacances à (*town/city*) avec ma famille	*I am on holidays in ... with my family*
Je m'amuse bien	*I am having a great time*

Closing phrases to help:

Je serai de retour la semaine prochaine ...	*I will be back next week*
C'est magnifique/super	*It's great*
À bientôt	*See you soon*

Now Test Yourself

Translate the following sentences into French.

1. It is cold.

2. It was sunny.

3. The sky is overcast.

4. What is the weather like in France?

5. It is raining in Dublin.

6. It will be between 12 and 14 degrees.

7. The weather is lovely.

8. It was foggy.

9. It is snowing.

10. The sun is shining.

Chapitre 4

Le sport

 **Je lis**

This chapter deals with the topic of sport.

Exam Focus

Sport often comes up in the Junior Certificate exam. You may have to write about what sports you like, read articles about famous sports people or listen to sport results in the listening section.

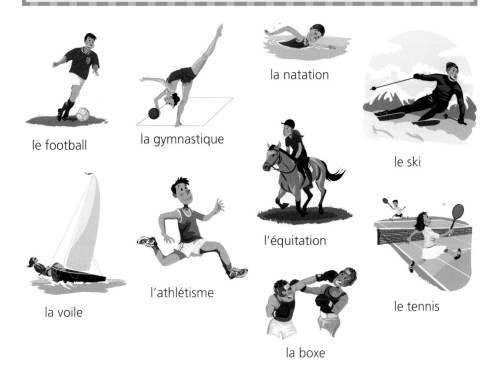

la natation

le football

la gymnastique

le ski

l'équitation

la voile

l'athlétisme

le tennis

la boxe

le patinage

le golf

la planche à voile

le basket

le rugby

le cyclisme/le vélo

la pêche

Des expressions importantes

Je suis sportif/sportive	I am sporty
jouer à/au (a sport)	to play (a sport)
je joue au hockey	I play hockey
faire du sport	to do sport
je fais de la natation	I do swimming
je fais de la musculation	I do weight training
faire une promenade	to go for a walk
monter à cheval	to ride a horse
marquer un but	to score a goal
les sports d'hiver	winter sports
être membre d'une équipe	to be a member of a team
pratiquer un sport	to play a sport
un terrain de hockey	a hockey pitch
participer à un tournoi	to participate in a tournament

Note: For sports that you play, e.g. tennis and basketball, you use – jouer à:
Je joue au tennis (à + le = au)

For individual sports that you do rather than play e.g. swimming and horse-riding
you use – faire de:
Je fais du vélo (de + le = du)

Des verbes importants

jouer	to play
faire	to do
gagner	to win
perdre	to lose
battre	to beat
s'entraîner	to train
nager	to swim
s'amuser	to enjoy oneself
courir	to run

Exercice 1

Look at the photos and match them to the correct sport.

1. Le patinage ☐

2. La voile ☐

3. L'équitation ☐

4. La pêche ☐

5. Le vélo ☐

6. La natation ☐

7. La planche à voile ☐

8. Le tennis ☐

a

b

c

d

e

f

g

h

Exercice 2

Say which one you would pick (and what the other words mean) if:

1. You want to go swimming

    (a) AUBERGE DE JEUNESSE
    (b) PISCINE MUNICIPALE
    (c) GARE SNCF
    (d) BIBLIOTHÈQUE

2. You want to go horse-riding

    (a) CHAUSSURES
    (b) OBJETS TROUVÉS
    (c) CENTRE ÉQUESTRE
    (d) ACCUEIL

3. You are looking for the stadium

    (a) GUICHET
    (b) CHARIOTS
    (c) STADE
    (d) CHARCUTERIE

Exercice 3

Gala de gymnastique

Le Club omnisports présentera un
gala de gymnastique rythmique
le vendredi 23 juin, à 19 heures,
au gymnase des Bouillides.
Renseignements au 04.92.94.33.43

Stages AHPSA

L'association AHPSA organise
des stages d'été pour les jeunes
(dessin-peinture, théâtre,
BD, etc). Renseignements au
04.92.96.04.91

Stages de foot en été

L'US Valbonne organise plusieurs stages d'été pour les jeunes, entre le 17 juillet et le 25 août. Renseignements au 04.93.12.14.27

Opéra d'enfants

L'École municipale de musique présentera un Opéra d'enfants, le samedi 24 juin, à 20h30, salle des fêtes. Renseignements au 04.94.92.30.56

Championnat de France à Antibes

Le Spondyle Club d'Antibes a été choisi pour organiser le championnat de France de natation au Centre Nautique d'Antibes. Les meilleurs spécialistes nationaux seront au rendez-vous. Renseignements : 04.92.97.05.07. Entrée libre pour le public.

Achetez malin

Les férus de VTT désirant acquérir un très bon vélo sans vouloir forcément dépenser beaucoup peuvent toujours s'adresser auprès d'un loueur de cycles. Ces commerçants renouvellent leur parc parfois tous les six mois et l'on peut tomber sur des vélos 30 % moins chers et en très bon état. M. Roger Dupéché 17000 Rochefort. Tél. 04.92.92.65.63

Dîner dans les rues du village

À l'occasion des festivités de la Saint-Jean, le samedi 24 juin, l'office du tourisme invite les habitants du village qui souhaitent dîner dans les rues, à réserver les tables et les chaises au numéro de téléphone suivant : 04.93.12.34.50

According to the articles above, what number would you ring if you?

(a) liked swimming
(b) liked cycling
(c) liked gymnastics
(d) liked football
(e) liked art

Exercice 4

Read the following newspaper article and then fill in the blanks in the exercise below.

TRIATHLON INTERNATIONAL LE 18 JUIN À NICE

154 kilomètres à parcourir, c'est le menu choisi pour cette 19ème édition du championnat du monde longue distance. Dans le détail, les triathlètes, venus des quatre coins de la planète, s'élanceront d'abord dans la Grande Bleue pour 4 km de natation avant de clipper leurs pédales pour 120 km dans l'arrière-pays niçois et en finir avec 30 km de course sur la Promenade des Anglais.

L'an dernier, ils et elles étaient 1 700 à espérer succéder au mythique Mark Allen (10 fois vainqueur à Nice) ou, plus humblement, à vouloir terminer l'épreuve.

Même les plus jeunes s'essayent, depuis la précédente édition du Triathlon de l'Avenir, à suivre les traces de leurs illustres aînés. Une épreuve réservée aux jeunes pousses du triathlon (de neuf à quatorze ans, licenciés ou non), qui suscite un grand engouement auprès du public et placée sous le contrôle des responsables du club niçois.

The Triathlon will take place on the 18th of _____ this year. It will be the 19th _____ Championship. The competitors will have to _____ 4 kilometres. They will then cycle _____ kilometres and _____ 30 kilometres. _____ year there were 1,700 competitors. There is even a Junior competition for those aged between _____ and _____.

Exercice 5

Read the following article and answer the questions which follow in English.

« Je suis très sportive »
(Béatrice)

Mon problème principal, c'est que je suis très sportive. Je fais de la planche à voile ainsi que de la plongée. J'ai la peau assez claire et si je ne me protège pas, je prends des coups de soleil, surtout qu'avec le vent ou dans l'eau, je ne sens pas ma peau chauffer. J'ai essayé des dizaines de crèmes solaires, mais la plupart ont un gros défaut : elles sont grasses et il est totalement impossible de les utiliser en faisant du sport, car cela glisse ou, pire, le caoutchouc du masque de plongée ne tient plus sur le visage.

La solution pour Béatrice

Il faut que Béatrice utilise des produits en gel car ils n'empêchent pas la pratique d'un sport. Jusqu'à présent, ils avaient de faibles indices de protection mais, aujourd'hui, les fabricants ont réussi à stabiliser des filtres puissants dans les gels. Mais, comme les autres produits solaires, il faut aussi penser à les réappliquer toutes les deux heures.

1. Name two sports that Béatrice does.
2. Give one reason why she cannot feel when she is getting sunburnt.
3. Why does she find that sun creams do not work?
4. What type of product is she advised to try?
5. How often should she apply it?

Exercice 6

Read the following article and answer the questions which follow in English.

LA VIE DES CLUBS À MOUGINS

UN ÉTÉ À LA CARTE

Cet été à Mougins, les possibilités d'initiation, de découverte, de perfectionnement et de divertissement sportif sont aussi nombreuses que variées. Pour les plus petits (entre 6 et 9 ans), deux stages de roller (du 10 au 13 juillet) et de basket (du 16 au 18 août) sont au programme sur le plateau du Font de l'Orme, encadrés par des moniteurs diplômés. En ce qui concerne la première option, les enfants doivent venir avec leur paire de rollers. Les plus grands (de 9 à 17 ans) ont droit, quant à eux, à des orientations qui vont de la plongée en passant par le golf, le tir à l'arc, le badminton et l'athlétisme.

Ceux qui vont opter pour le drive et le put, direction le 9 trous de Saint-Donat (du 7 au 11 août). Les amateurs de fonds sous-marins, qui devront avoir 14 ans révolus au début du stage, iront plonger tous les après-midi après avoir suivi un cours théorique le matin (du 3 au 7 juillet). À la fin de ce stage, les jeunes plongeurs pourront obtenir leur brevet élémentaire 1er degré.

Perche, sauts, javelot … autant de disciplines à découvrir dans la rubrique athlétisme par Christophe Benaiteau, l'ancien champion de France du 800 m. Mais il y a aussi le sport à journée et à la carte où l'on retrouve le roller, le tir à l'arc, le mini-golf mais aussi le VTT, le tennis de table, l'aviron, le speed-ball, la course d'orientation … Chaque jour, 2 à 3 activités sont proposées aux enfants (de 10 à 15 ans) avec une limitation à trois journées par semaine.

Enfin, il y a les stages en hébergement et notamment celui qui se déroulera au pied du Mont Viso, dans les Hautes-Alpes du 21 au 26 août, réservé aux 10–16 ans. Au programme : journée rafting, demi-journée pêche, initiation à l'escalade, visites de Saint-Véran – le village le plus haut d'Europe (2 040 m) – et d'une ferme pédagogique.

Renseignements au service des Sports :
tél. : 04.92.92.59.40 ;
fax : 04.92.92.59.49

1. When are these sports on offer?

2. What two courses are available for 6-9 year olds?

3. Name four sports that are on offer for 9-17 year olds.

4. What course do you have to be at least fourteen to take part in?

5. Who is Christophe Benaiteau?

6. Where is there a residential course?

7. What is Saint-Véran?

J'écoute

Exercice 1 · Les sportifs se présentent

Track 7

Listen to the following recordings and fill in the missing words.

Bonjour, je m'appelle Paul et j'ai _____ ans. J'adore le sport. Je joue au _____, au tennis et au _____. Je suis membre de l'équipe de rugby à l'école et nous nous entraînons _____ fois par semaine.

Salut, moi je _____ Christine et je _____ très sportive. J'adore surtout les _____ nautiques comme la voile et la _____. J'habite _____ de la _____ alors je peux faire de la voile tous les week-ends. En été, quand il fait _____ , je descends à la _____ et je nage dans la mer.

Moi, c'est Nicolas. J'adore les sports d'hiver comme le _____ et le patinage. J'ai commencé le patinage à l'âge de _____ ans et je m'entraîne à la patinoire tous les _____ et _____ après l'école.

Salut ! Je m'appelle Marie et je suis assez _____. Je joue au _____ à l'école et je fais de l'_____. Je n'ai pas mon propre cheval _____ je prends des leçons tous les _____ , et en été je fais des promenades à cheval en _____ avec mon _____ .

Exercice 2 · Trois interviews

Listen to the following interviews and answer the questions which follow.

Interview 1
1. What sport does this man play?
2. On what days does he have training?
3. When do matches take place?
4. Give one/two reasons why he thinks that sport is important.
5. What does he do on Friday evenings?

Interview 2

1. Why does this girl not have time to play sport?
2. What does she like to do in her free time?
3. When does she have P.E. class?
4. Why does she sometimes dislike this class?

Interview 3

1. Name three sports that this boy enjoys.
2. When does he have basketball training?
3. What does he do when he is on holidays?
4. Where does he live?
5. How much does it cost to go to the pool?

Exercice 3

 An interview with Nathalie Martin, European swimming champion.

	True	False
1. Natalie won two gold medals for the 200 m and 400 m freestyle.	❏	❏
2. She has three sisters and one brother.	❏	❏
3. She likes living in Paris because she is near her boyfriend and close to airports.	❏	❏
4. Her father first taught her to swim.	❏	❏
5. She started swimming competitively when she was twelve.	❏	❏
6. She won a swimming scholarship to the United States.	❏	❏
7. On an average day she spends at least four hours in the pool.	❏	❏
8. In the evening she likes to read and go out with friends.	❏	❏
9. She doesn't have to work at the moment because she has sponsors.	❏	❏
10. She was pleased with her performance at the last Olympic games.	❏	❏

J'écris

Exercice 1

Fill in the blanks in the following passage.

Salut, je _____ David et j'ai quinze _____. J'ai deux frères et j'ai une _____. Mes frères s'appellent Thomas et Jean et _____ sœur s'appelle Claire. Ils ont dix ans_____huit ans, et Claire _____ dix-sept ans. Mes _____ préférés sont le foot, le rugby et _____ natation. Je _____ trois fois par semaine dans la piscine municipale. J'aime aussi la musique. Je _____ du piano et de la guitare.

Exercice 2

Write five lines about your favourite sport. You might include what age you started at, how often you play it, where you do it and whether you are on a team.

Exercice 3 · Exam Practice

You are in Paris. Write a **postcard in French** to a French friend who lives in another part of France. In it say:

- that you are in Paris
- whom you are with
- that you visited a museum
- that you are enjoying yourself.

Now Test Yourself

Translate the following sentences into French.

1. I swim twice a week.
2. I play basketball.
3. I do wind-surfing in summer.
4. I play rugby every Monday.
5. I am a member of a team.
6. I like athletics.
7. I'm enjoying myself.
8. He is outgoing and sporty.
9. I like winter sports.
10. I train every morning.

Chapitre 5

Je t'invite

 ## Je lis

Chapter Five is about invitations. You will read notes and hear conversations in which people will be inviting their friends to go places and do various things with them. Remember to revise the months in Chapter One and the time in Chapter Two.

Les jours de la semaine

lundi	Monday
mardi	Tuesday
mercredi	Wednesday
jeudi	Thursday
vendredi	Friday
samedi	Saturday
dimanche	Sunday

Les saisons

l'hiver	winter
le printemps	spring
l'été	summer
l'automne	autumn

Les mots importants

un an/une année	*a year*
un mois	*a month*
un siècle	*a century*
le matin	*morning*
l'après-midi	*afternoon*
le soir	*evening*
la nuit	*night*
aujourd'hui	*today*
demain	*tomorrow*
hier	*yesterday*
midi	*midday*
minuit	*midnight*
une heure	*an hour*
la journée	*the whole day*
l'année dernière	*last year*
l'année prochaine	*next year*
chaque année	*every year*
trois fois par semaine	*three times a week*
une quinzaine (de jours)	*a fortnight*
de temps en temps	*from time to time*
le lendemain	*the next day*
le week-end	*the weekend*
un jour de congé	*a day off*

Les expressions importantes

Je t'invite à	*I am inviting you to*
venir chez moi	*come to my house*
aller au cinéma	*go to the cinema*
sortir à une discothèque	*go out to a disco*
rendre visite à des amis	*visit friends*
faire des courses en ville	*go shopping in town*
faire une promenade à la campagne	*go for a walk in the countryside*

partir en vacances	to go on holidays
Veux-tu venir avec moi ?	Would you like to come with me?
On se rencontre où ?	Where will we meet?
on va se rencontrer	we are going to meet
chez moi	at my house
devant la piscine	in front of the pool
à côté de la mairie	beside the town hall
en face de l'église	opposite the church

Exercice 1 · Chassez l'intrus

Remember to also say why it is the odd one out.

(a) lundi

(b) mars

(c) jeudi

(d) samedi

(a) hier

(b) demain

(c) jardin

(d) aujourd'hui

(a) hiver

(b) printemps

(c) été

(d) août

(a) devant

(b) derrière

(c) une heure

(d) en face de

(a) jour

(b) mois

(c) semaine

(d) lit

Exercice 2

Say which one you would pick (and what the other words mean) if:

- you are meeting your friend at the town hall
    - (a) bureau de change
    - (b) hôtel de ville
    - (c) salle d'attente
    - (d) syndicat d'initiative

- you are going to the beach
    - (a) la piscine
    - (b) la plage
    - (c) le stade
    - (d) la boulangerie

- you are meeting opposite the cinema
    - (a) dans le cinéma
    - (b) en face du cinéma
    - (c) à côté du cinéma
    - (d) sur le cinéma

Exercice 3

MOUGINS
SALLE GOURTELINE
CONCERT
Donné par l'Académie Lyrique de Copenhague
Dimanche 18 janvier à 20 h 30
Au programme : Mozart, Verdi, Puccini, Rossini, Bizet
Service Culturel de Mougins
Renseignements : 04 92 35 65 82
Entrée Libre

1. What day and date is the concert on?
2. How much does it cost to go to it?

Exercice 4

MUSÉE DE L'ENFANCE
Venez découvrir les Jouets du 19ème S.
dans une soixantaine de vitrines
Meubles de poupées
Meubles de maîtrise
Miniatures, au Musée de l'Enfance.

OUVERT TOUS LES JOURS
DE 14H À 18H30
(LUNDI SUR RENDEZ-VOUS)
MATINS RÉSERVÉS AUX GROUPES
2, rue Venizelos,
06400 CANNES
prolonge la rue Meynadier, vers la gare derrière la rue d'Antibes
Adultes : 6 € Enfants : 3 € Étudiants : 4 €
Tél/Fax : 04.93.68.29.28

1. What can you see at this museum?
2. What days is it open?
3. If you want to visit on a Monday what must you do?
4. What time of day is reserved for groups?

Exercice 5

CARNET DE VOYAGES – L'EUROPE EN FAMILLE

Pauline
Âge : 12 ans
Ce que j'aime : les voyages, jouer de la guitare et lire
Ce que je n'aime pas : l'effort dans le sport, la violence et le feu
Le projet : On est parti 5 mois en camping-car, avec mes parents et mes sœurs. Nous avons visité 14 pays européens.
Vivre à cinq dans ce petit espace, ce n'est pas toujours évident mais, finalement, c'est pratique. On pouvait jouer dedans pendant que Papa conduisait.
Ce que j'ai vu : À Istanbul, on a visité le plus grand marché couvert du monde. On y trouve de tout : des pâtisseries, des bijoux, des souvenirs. On a acheté des loukoums (un genre de petite pâte de fruits), c'était la première fois que j'en mangeais. C'est très bon. En Turquie j'ai aussi remarqué que, la plupart du temps, c'étaient des femmes qui travaillaient dans les champs. Les hommes, eux, restaient en ville.

En Pologne on a visité l'ancien camp de concentration d'Auschwitz-Birkenau. C'était vraiment très triste : les chambres à gaz, les barbelés, les grands bâtiments. J'ai essayé de me mettre à la place des gens qui y ont été déportés.

1. Name two things that Pauline likes.
2. Name two things that she dislikes.
3. Who went on the holiday?
4. What did they do while her father drove?
5. Name two things you could buy at the market.
6. What did she notice about the women in Turkey?
7. What did they visit in Poland?

Exercice 6

KE$HA
Nouvelle icône de la pop

Grâce à son tube Tik Tok, Ke$ha caracole en tête du box-office. À seulement 23 ans, la jeune chanteuse a déjà tout d'une grande. Rencontre avec une artiste cash !

Star club : Hello Ke$ha ! Depuis la sortie de Tik Tok, tu es une vraie star. Ta vie a-t-elle beaucoup changé depuis ?

Oui, énormément. Avant Tik Tok et aujourd'hui, ce sont deux existences totalement différentes ; c'est très bizarre. Au début, je pouvais me produire devant cinq personnes, maintenant c'est plutôt 500 ou 5000. Désormais, je voyage dans le monde entier pour faire écouter ma musique aux gens ... C'est incroyable !

Que signifie le dollar dans Ke$ha ?

Plus jeune, j'étais complètement fauchée. J'ai manqué d'argent, je sais ce que ça fait. Du coup, je trouvais ça assez ironique de mettre le signe du dollar dans mon nom.

Ton album s'appelle Animal. Dans la peau duquel voudrais-tu te glisser ?

Je me pose souvent la question. Je crois que j'aimerais bien être un chat, une féline sexy.

Qu'est-ce que ça t'a fait de voir que Les Simpson revisitaient ta chanson Tik Tok dans leur générique ?

C'était énorme ! Je pense qu'ils n'avaient jamais fait ça avec aucune chanson. C'était super excitant, car j'adore ce show. C'est une référence en matière de séries animées. J'étais vraiment flattée et honorée.

Quelles sont tes passions ?

Ce qui me passionne le plus, c'est écrire des chansons et faire de la musique. Ce n'est pas seulement un métier, c'est ce que j'aime faire le plus au monde. C'est ce qui me rend heureuse. J'aime aussi la randonnée et la plongée parce que j'aime être en contact avec la nature. Les gens pensent que j'ai choisi le titre de mon album, Animal, parce que je serais une sorte d'animal fou (ce que je peux être !), mais c'est surtout parce que j'ai le sentiment d'avoir une attitude animale. Parfois, j'ai envie de m'isoler, de courir dans la jungle et de retourner à la nature.

Quelles sont tes phobies ?

Je déteste l'avion, mais c'est quelque chose que je dois surmonter. Sinon, j'ai horreur des mains moites et des doigts poisseux.

On te compare parfois à Lady Gaga. Qu'en penses-tu ?

Nous sommes deux artistes féminines qui chantons de la pop. Ça ne me gêne donc pas qu'on me compare à elle. En plus, je la trouve géniale et je suis fan de ce qu'elle fait. Mais je pense que je propose quelque chose de complètement différent.

Vis-tu bien la célébrité ?

Oui, c'est de la folie. Ce que j'aime le plus, c'est être sur scène et voir le public s'éclater sur mes chansons. Voir les gens chanter, danser et passer un bon moment. Cela fait partie de mes meilleurs souvenirs

et c'est surtout pour ça que je suis chanteuse. J'ai fait cet album pour que les jeunes s'amusent, qu'ils oublient leurs problèmes quelques minutes et prennent du bon temps.

Quelle est ta devise ?

Si tu veux quelque chose, c'est à toi de faire ce qu'il faut pour l'avoir. Personne ne le fera pour toi.

1. Why does Ke$ha have a dollar sign in her name?
2. What animal would she like to be?
3. What makes her happy?
4. Name one sport she enjoys.
5. Name one thing she dislikes.
6. Name one reason why she made this album.

 J'écoute

Exercice 1 · Une lettre

 Track 8

Answer the following questions.

1. Why did it take Claire so long to write to Jeanne?
2. Where is she going on holidays?
3. How long is she going for?
4. What dates does she invite Jeanne for?
5. Name three things she says they will do on holidays.
6. What does she say about Mark?

Exercice 2 · Trois invitations

🔘 **Track 9**

Listen to the following three invitations and answer the questions.

1. (a) Where is Philip asking Marc?
   (b) What are they going to do afterwards?
   (c) Why can Marc not go?

2. (a) Who gave Stéphanie the concert tickets?
   (b) When is the concert?
   (c) Why was she given the tickets?
   (d) At what time will Stéphanie pick Claire up ?

3. (a) What is Michelle's phone number?
   (b) What is happening on Saturday evening?
   (c) Why can Michelle not go?

Exercice 3 · Ce week-end

🔘 **TRUE OR FALSE?**

	True	False
1. Marianne is inviting Pierre to the cinema on Thursday.	❏	❏
They are going to see an adventure film.	❏	❏
The film is starting at eight o'clock.	❏	❏
They are going to meet in front of the cinema.	❏	❏
2. Michelle is going to town to buy a new skirt.	❏	❏
Jeanne can't go with her because she has basketball.	❏	❏
Normally she only trains on Mondays and Fridays.	❏	❏
They are playing in a final next Thursday.	❏	❏
3. Paul is inviting David to go skiing with him this weekend.	❏	❏
The forecast for the weekend is good.	❏	❏
They are leaving at 19 h 30.	❏	❏
David will be at Paul's house at around 18 h.	❏	❏

J'écris

Exercice 1

Invite your friend Paul to the following places at the following times. One of them has been done for you.

Paul,

Veux-tu venir à la mairie avec moi cet après-midi à quinze heures ?

Exercice 2

Fill in the blanks in the following note.

_____ Marie,

Juste un _____ mot pour te dire que _____ vais aller à la piscine cet

après-_____. Veux-tu venir _____ moi ? Rendez-vous à dix-sept_____

devant la piscine. N'oublie _____ ton maillot de bain.

À _____ à l'heure.

Alice

Exercice 3 · Exam practice

You are staying with a French family. You are on your own in the house when a friend rings to ask you to go to the cinema. You leave a note in French and in it you explain:

• that you are going to the cinema
• who is going with you
• how you are going
• that you will be back at 7 p.m.

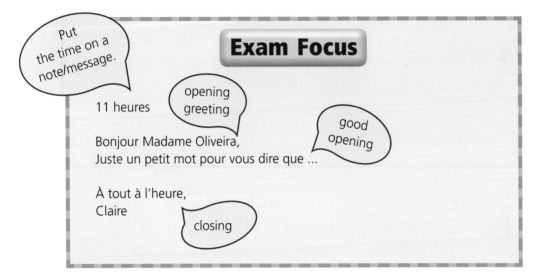

Useful phrases

Juste un petit mot pour vous dire que ...	Just a note to tell you that ... (writing to an adult)
Juste un petit mot pour te dire que ...	Just a note to tell you that ... (writing to a young person)
Je suis allé(e)	I have gone
Veux-tu venir avec moi/nous ?	Do you want to come with me/us?
Ça te dit de ... ?	How about ...?
Je serai de retour à vingt heures	I will be back at 8 p.m.
À tout à l'heure	See you later.
À demain/ce soir	See you tomorrow/this evening.

Now Test Yourself

Translate the following sentences and phrases into French.

1. Would you like to come to my house tomorrow?

2. Next Monday at half past four.

3. We are going to meet in front of the cinema.

4. I play basketball three times a week.

5. We are going to the cinema this evening.

6. Tomorrow evening beside the church.

7. I'm inviting you to go on holidays with my family.

8. I do horse-riding from time to time.

9. Every weekend I go for a walk in the countryside.

10. Where will we meet?

Chapitre 6

La nourriture

 **Je lis**

It is important to be familiar with the vocabulary for food so that you can order a meal in France or tell a family you are staying with what you like to eat.

Exam Focus

In the listening comprehension section of the exam you will often hear people ordering meals in French. There are also often recipes in the reading comprehension.

La nourriture *food*

le petit déjeuner	*breakfast*
le déjeuner	*lunch*
le dîner	*dinner*
le goûter	*snack*
la cuisine	*cooking*
la confiture	*jam*
le sel	*salt*
le poivre	*pepper*
le riz	*rice*
le pain	*bread*
le beurre	*butter*

le pain grillé	toast
le sucre	sugar
la tartine	a slice of bread and butter
un œuf	an egg
un croque-monsieur	a toasted ham and cheese sandwich

La viande

le bœuf	beef
le jambon	ham
le bifteck	steak
l'agneau	lamb
le porc	pork
le poulet	chicken
la saucisse	sausage
le saucisson	salami

Les fruits

la pomme	apple
la fraise	strawberry
l'ananas	pineapple
l'orange	orange
les raisins	grapes
la framboise	raspberry
le pamplemousse	grapefruit
le melon	melon
l'abricot	apricot
les cerises	cherries
la pêche	peach
la banane	banana
le citron	lemon
la poire	pear

Les légumes

les pommes de terre	potatoes
le chou	cabbage
le chou-fleur	cauliflower
l'oignon	onion
les petit pois	peas
le champignon	mushroom
les haricots	beans
le concombre	cucumber
la carotte	carrot
l'ail	garlic
l'artichaut	artichoke

Les desserts

le yaourt	yogurt
le gâteau	cake
la glace	ice-cream
le fromage	cheese

Les boissons

le thé	tea
le café	coffee
l'eau	water
le lait	milk
la limonade	lemonade
le jus d'orange	orange juice
le vin	wine
la bière	beer

La cuisine *cooking*

ajouter	*to add*
battre	*to beat*
casser	*to break*
(faire) cuire	*to cook*
couper	*to cut*
éplucher	*to peel*
fouetter	*to beat*
laver	*to wash*
mélanger	*to mix*
verser	*to pour*
laisser refroidir	*allow to cool*
laisser dorer	*allow to brown*
laisser mijoter	*allow to simmer*
faire chauffer	*heat*
saupoudrer	*sprinkle*
mon repas préféré	*my favourite meal*
je déteste	*I hate*
j'adore	*I love*
la nourriture de la cantine	*canteen food*
des repas chauds	*hot meals*
je prépare le déjeuner	*I make lunch*
faire les courses	*to do the shopping*

Exercice 1

Rearrange the letters to find the foods or drinks.

1. UFOCLEHUR
2. NIOAELMD
3. RMAFOGE
4. NOMCPINHAG

5. SOIATCRH
6. EAFISR
7. CEBKFIT
8. SSAEICSU
9. SAISNRI
10. RNOTCI

Exercice 2

Chassez l'intrus – remember to say why it is the odd one out.

1.
- (a) ANANAS
- (b) FRAMBOISE
- (c) CHOU
- (d) POMME

2.
- (a) CONCOMBRE
- (b) OIGNON
- (c) CONFITURE
- (d) CHAMPIGNON

3.
- (a) DÉJEUNER
- (b) DÎNER
- (c) ALLER
- (d) GOÛTER

Exercice 3

RATATOUILLE LÉGUMES

Pour 4 personnes.
Préparation : 25 mn.
Cuisson : 1 h 05 mn.

- 1 aubergine
- 3 courgettes
- 1 oignon
- 1 poivron rouge
- 1 poivron jaune
- 4 tomates
- 3 gousses d'ail
- 5 c. à soupe d'huile d'olive
- 2 branches de thym
- 2 branches de romarin
- 1 feuille de laurier
- 1 c. à café de concentré de tomates
- cayenne
- 1 c. à soupe de persil
- sel et poivre

Laver l'aubergine et les courgettes, puis les couper en dés. Couper les queues des poivrons. Retirer les graines et les cloisons.

Les détailler ensuite en anneaux. Éplucher et émincer l'oignon.

Laver les tomates et les couper en dés. Faire revenir les oignons et les aubergines dans l'huile d'olive pendant 10 mn. Ajouter les courgettes.

Laisser cuire 5 mn, puis retirer le tout du récipient, les remplacer par le poivron, puis 1 gousse d'ail. Cuire 5 mn en mélangeant souvent afin d'éviter de faire roussir l'ail.

Reverser dans la cocotte oignons, aubergines, courgettes, et tous les autres ingrédients, y compris les gousses d'ail restantes non pelées. Incorporer le concentré de tomates délayé dans un peu d'eau. Saler, poivrer et ajouter le piment de Cayenne. Laisser cuire sur feu doux pendant 45 mn environ.

Verser le tout dans un plat de service ou servir directement dans le plat de cuisson en parsemant de persil.

1. Look at the three lists below. Which item from each list is mentioned in the recipe? Write a, b, c, or d, as appropriate in each box.

(a) parsley
(b) mayonnaise
(c) oregano
(d) vinegar

(a) peas
(b) cabbage
(c) garlic
(d) carrots

(a) eggs
(b) raisins
(c) onion
(d) lemon

2. What should you do to the aubergine, courgettes and tomatoes?
3. At what type of heat should this dish be cooked?

OMELETTE AUX CERISES DESSERT

Pour 4 personnes. Préparation : 25 mn.
Cuisson : 5 à 8 mn.

- 4 œufs
- 150 g de cerises (montmorency ou bigarreau)
- 25 g de beurre à température ambiante
- 1 c. à soupe de sucre semoule
- 3 c. à soupe de gelée de cerises ou, éventuellement, de confiture
- sucre glace
- 5 c. à soupe de kirsch

Casser les œufs en séparant les blancs des jaunes. Monter les blancs en neige ferme et incorporer 4 c. à soupe de sucre glace. Continuer à fouetter jusqu'à obtention d'une meringue.

Battre les jaunes avec le sucre semoule jusqu'à ce que le mélange blanchisse. Ajouter cette préparation aux blancs en neige. Laver et dénoyauter les cerises.

Faire fondre le beurre dans une poêle sans le laisser colorer. Lorsqu'il est bien chaud, verser le mélange aux œufs et

laisser prendre quelques minutes (les bords doivent être légèrement gonflés). Faire chauffer la gelée ou la confiture avec 1 c. à soupe de kirsch dans une casserole. Verser cette préparation sur l'omelette.

Replier l'omelette et répartir les cerises sur le dessus. Laisser cuire sur feu doux pendant 2 mn. Saupoudrer de sucre glace et flamber avec le kirsch restant. Disposer l'omelette aux cerises dans un plat de service et servir sans attendre.

Notre astuce

Vous pouvez aussi réaliser ce type d'omelette avec une pomme émincée poêlée au beurre. Sucrer et flamber avec du calvados, puis ajouter 2 c. à soupe de crème fraîche. Disposer la garniture sur la crêpe, la replier et la flamber au calvados.

1. Look at the three lists below. Which item from each list is mentioned in the recipe? Write a, b, c, or d as appropriate in the box.

   (a) pineapple
   (b) lemon
   (c) cherries
   (d) blackberries

   (a) milk
   (b) cream
   (c) butter
   (d) flour

   (a) jam
   (b) tomatoes
   (c) onions
   (d) ham

2. What is the first thing you are told to do?
3. When should you put the egg mixture on the pan?

Exercice 4

AUX SAVEURS FERMIÈRES
C'est un magasin de produits fermiers.
Les Producteurs de la région vous proposent
• Volailles de Bresse • Charcuterie
• Bœuf, veau de lait et agneau • Foie gras
• Fruits et légumes • Fromages de vaches et de chèvres
• Pain, confiture, miel • Escargots et vins.
Lundi au samedi à Replonges – (5 km de Mâcon)
Vous serez servis directement par les agriculteurs
Aux Saveurs Fermières
2, route de Bourg – 01750 REPLONGES
Tél. 03.85.31.11.65

1. Tick which of the following foods are mentioned in this advert.

    (a) pork meats   ❑

    (b) mushrooms   ❑

    (c) salmon   ❑

    (d) goats cheese   ❑

    (e) lamb   ❑

    (f) butter   ❑

    (g) vegetables   ❑

    (h) snails   ❑

    (i) potatoes   ❑

    (j) honey   ❑

2. Who runs this shop?

3. When is it open?

Exercice 5

TARTINE – SNACKS À EMPORTER
OUVERT TOUS LES JOURS

SANDWICHES CHAUDS – 6 €
PARISIEN – sauce au choix, tomates, steak, oignons
COCORICO – sauce au choix, poulet rôti, fromage
LE PÊCHEUR – tomates, thon, fromage
ANTIBOIS – tomates, mozzarella, jambon, huile d'olive
3 FROMAGES – gruyère, mozzarella, chèvre, huile d'olive

Supplément frites 2 €

SANDWICHES FROIDS – 4 €
CLUB JAMBON – Salade, tomate, fromage, jambon
CLUB POULET – Salade, tomate, poulet, mayonnaise
CLUB COMPLET – Salade, tomate, poivrons, thon
SAUMON – Salade, saumon, citron, mayonnaise
VÉGÉTARIEN – Salade, tomate, œuf, oignons

SALADES – 5 €
PÊCHEUR – Salade, tomates, maïs, crevettes, œuf
POULET – Salade, tomates, fromage, poulet
NIÇOISE – Salade, tomates, thon, oignons, poivrons, œuf
JAMBON GRUYÈRE – Salade, tomates, maïs, jambon, gruyère
MOZZA – Salade, tomates, mozzarella

19, rue Aubernon – 06600 ANTIBES – Tél. : 04 93 34 43 44

1. When is Tartine open?
2. What type of sandwiches cost €6?
3. Describe a 'Cocorico' sandwich.
4. Describe an 'Antibois' sandwich.
5. What can you get for an extra €2?
6. Describe a 'Saumon' sandwich.
7. Describe a 'Pêcheur' salad.
8. Describe a 'Niçoise' salad.

Exercice 6

Read the following article and then fill in the blanks in the paragraph below.

MIEUX VAUT PRENDRE DES GANTS
Les enfants sont attablés autour de la table de cuisine, prêts à dévorer leur goûter. Mais catastrophe, impossible d'ouvrir ce fichu pot de confiture. Pour y parvenir, il suffit d'enfiler une paire de gants de vaisselle secs et de tourner. Les gants agrippent et aident à ouvrir instantanément. Vous êtes sauvé.

The _____ are settled around the _____ table, ready to devour their _____. But disaster strikes, it is impossible to open the _____. In order to succeed, all you need to do is put on a pair of dry _____ and turn.

🔊 J'écoute

Exercice 1 · Mon repas préféré

💿 Track 10

Listen as four people describe their favourite meal. Fill in the grids.

1.

Starts with:
Followed by:
Drinks:

2.

Starter:
Main course:
Dessert:

3.

Starter:
Main course:
Dessert:

4.

Starter:
Main course:
Dessert:

Exercice 2 · Sophie en Irlande

 Listen to the dialogue about Sophie's holiday in Ireland, and answer the following questions.

1. Why is Sophie in Ireland?
2. What does she say about young Irish people?
3. What does she say about the weather in Ireland?
4. What does she think about Irish food?
5. What does she normally have for lunch?
6. Why does she not have a hot meal at lunchtime?
7. What does she normally have as a main course in the evening?
8. What does she have for dessert?
9. At what time is the evening meal in France?
10. What might they have as a starter?
11. What might they have as a main course?
12. What do they drink?
13. Describe what she has for breakfast in Ireland.
14. Describe what she has for breakfast in France.

Exercice 3 · Le menu à la cantine

 Track 11

Listen to the canteen menu and fill in the following grid.

Meal	Mon	Tues	Wed	Thurs	Fri
Starter					
Main course					
Dessert					

 J'écris

Exercice 1

Complete the following sentences.

1. Pour le petit déjeuner je prends _____.
2. Pour le goûter j'aime _____.
3. Mon repas préféré c'est _____.
4. Les Français aiment manger _____.
5. Chez nous le vendredi soir on mange _____.
6. Le jour de Noël nous mangeons _____.

Exercice 2

Write out a simple recipe in French.

Exercice 3 · Exam practice

Write a letter in French to your new penpal, Arthur/Claudine. Include at least four of the following points:

- Give your name
- State your age
- Describe your house
- Ask about his/her family
- Talk about your interests
- Mention something you did at the weekend
- Give details of your summer plans
- Tell him/her what you like to eat
- Invite him/her to visit you in Ireland.

Now Test Yourself

Translate the following sentences into French.

1. I would like a ham sandwich, please.
2. I love vegetables, especially potatoes and mushrooms.
3. We eat breakfast at eight o'clock.
4. I eat bread with butter and jam.
5. To start, I will have the melon.
6. My favourite meal is roast chicken.
7. I love my Mum's cooking.
8. I hate canteen food.
9. I make lunch every day.
10. I would like a ham and cheese toasted sandwich, please.

Chapitre 7

Mon temps libre

 **Je lis**

In this chapter you will learn how to say what
you do in your free time and understand what
other people's pastimes are.

Useful expressions
Tu as du temps libre ?

dans mon temps libre	*in my free time*
je suis libre le week-end	*I am free at the weekend*
je n'ai pas beaucoup de temps libre	*I don't have much free time*

Qu'est-ce que tu fais pendant ton temps libre ?

je fais du sport	*I play sport*
je joue au foot/au hockey/au rugby/au basket	*I play football/hockey/rugby/basketball*
je fais du vélo/de la natation/de la voile/de l'équitation	*I cycle/swim/go sailing/do horse-riding*
je fais mes devoirs	*I do my homework*
je joue de la guitare/de la flûte/de la batterie	*I play the guitar/the flute/the drums*
je joue du violon/du piano	*I play the violin/the piano*
j'écoute de la musique	*I listen to music*
je fais du jardinage	*I do the gardening*

je sors avec mes amis	I go out with my friends
je vais à une boum/à la discothèque/au cinéma	I go to a party/to the disco/to the cinema
je retrouve mes amis	I meet up with my friends
j'aide mes parents	I help my parents
j'ai un petit boulot	I have a part-time job
je collectionne des timbres	I collect stamps
je télécharge de la musique	I download music
je joue à des jeux électroniques avec mes amis	I play computer games with my friends

Quel est ton passe-temps préféré ?

j'aime écouter la radio	I like to listen to the radio
j'aime la danse et le chant	I like dancing and singing
j'aime regarder la télévision	I like to watch television
j'aime faire des promenades	I like to go walking
j'adore les voyages	I love travelling
j'aime la lecture	I like reading
j'adore la natation	I love swimming
j'aime le bricolage	I like DIY
mon passe-temps préféré est la cuisine	my favourite pastime is cooking
j'aime faire du lèche-vitrines	I like to window-shop
j'aime tricoter et coudre	I like to knit and sew
j'adore jouer aux échecs	I love playing chess
je déteste les jeux de société	I hate board games

Useful verbs

From the expressions up above you should be able to figure out what these verbs mean. To say you like to do something, just put 'j'aime' in front of any of these verbs.

aider	chanter	danser	jouer	nager
aller	collectionner	écouter	lire	regarder
bricoler	cuisiner	faire	me promener	sortir

Exercice 1

Match the following text and pictures.

A. Défense de fumer

B.

C. Eau potable

D.

E. Glaces

F.

G. Rayon chaussures

H.

I. Église

J.

1.

2. Piscine

3.

4. Essence

5.

6. Location de vélos

7.

8. Bureau de poste

9.

10. Chien méchant

Indicate your answer by inserting the letter which corresponds to each of the numbers in the table below.

No.	Letter
1.	
2.	
3.	
4.	
5.	

No.	Letter
6.	
7.	
8.	
9.	
10.	

Exercice 2

Read the following small ads and answer the question below.

J'ai quinze ans et je voudrais correspondre avec des garçons de 14 à 17 ans. J'adore la natation et le cinéma. Écrivez-moi vite. – **Marc Brigas**

J'aimerais avoir des copains et copines qui m'écrivent de temps à autre. J'adore la musique, surtout la musique de danse. Je joue de la guitare et du piano. Je répondrai à tous. – **Martine Baudry**

J'ai treize ans et je suis passionnée par la lecture et les voyages. N'attendez pas une seconde de plus et écrivez-moi vite. – **Alice Mathieu**

J'aime les animaux, surtout les chevaux, et je collectionne les bandes dessinées. Alors, si tu as les mêmes goûts que moi, écris-moi. – **Alain David**

Que tous ceux qui aiment les sports nautiques (natation, voile, aviron) m'écrivent ! **Didier Moulins**

Write down the name of the person interested in:

(a) travelling
(b) water sports
(c) horses.

Exercice 3 · Lisez

Je m'appelle Valérie et j'ai seize ans. En ce moment, je suis en vacances. J'ai deux mois de vacances, donc j'ai beaucoup de temps libre. Je me repose et je fais la grasse matinée tous les matins. L'après-midi, je sors avec mes amis. Nous allons en centre-ville et nous faisons des courses. Hier, j'ai acheté une nouvelle jupe. Quand il fait beau, nous allons à la plage et nous jouons au volley. Le soir, je lis un roman ou j'écoute de la musique dans ma chambre.

Le mois prochain, je vais aller chez mon oncle pour deux semaines. Il habite une ferme en Bretagne. Je vais y faire de l'équitation et me promener. Je vais aussi aider mon oncle avec les animaux. Je vais donner à manger aux poules et traire les vaches. Le soir, je vais sortir en boîte ou au cinéma avec mes cousins.

1. What age is Valérie?
2. How long are her holidays?
3. What does she do every morning?
4. What did she buy yesterday?
5. Where does she play volleyball?
6. Name two things she does in the evening.
7. When is she going to visit her uncle?
8. Where does he live?
9. Name one thing she does to help him.
10. Where will she go in the evening with her cousins?

Exercice 4 · Lisez

Je m'appelle David et j'ai dix-huit ans. Ma petite amie s'appelle Isabelle et elle a le même âge que moi. Nous sortons ensemble depuis huit mois. Elle est très grande et mince avec de longs cheveux bruns ; elle est très mignonne. Elle aime faire des promenades avec son chien Brad et nager à la plage, mais à part ça Isabelle n'est pas très sportive. Elle est très artistique. Elle adore le dessin et la peinture et elle est très douée. Elle joue aussi de la guitare. Isabelle est très drôle et très bavarde et nous passons des heures au téléphone. Nous sommes dans des écoles différentes, alors on ne se voit que le week-end. Le samedi soir, nous allons souvent au cinéma ou en boîte. Elle aime voir des films romantiques, mais moi je préfère les films d'aventure.

1. What age is Isabelle?
2. How long has she been going out with David?
3. Describe Isabelle (mention 3 points).
4. Name one sport that Isabelle likes.
5. Name two other pastimes that she has.
6. Describe Isabelle's personality.
7. What type of film does she like?

Exercice 5

UN LIEU DÉDIÉ À LA GLISSE
Depuis son ouverture en avril,
débutants et riders confirmés se
donnent rendez-vous, rollers aux
pieds, à VITRY-SUR-SEINE. Dans cet
espace de 6 000 m² (le plus grand
d'Europe), décoré façon BD, les
amateurs de tous âges (dès 5 ans)
se côtoient dans une atmosphère
bon enfant, sous l'œil vigilant de
surveillants. Plusieurs niveaux
de cours sont proposés et vous
pouvez louer votre matériel (rollers,
protections et casque) sur place.
À noter pour les accros : les pistes
d'initiation, de vitesse, de bosses,
de hockey, rampes et aire de street
sont ouvertes trois soirs par semaine
jusqu'à minuit.
Rollerparc Avenue, 94400 Vitry-
sur-Seine, tél. 01.47.18.19.19.
Prix d'entrée : 8 € pour **les plus**
de 10 ans, 5 € pour **les moins de**
10 ans.

TRUE OR FALSE?

	True	False
1. The rollerblade rink opened in April.	❏	❏
2. It is the biggest in Europe.	❏	❏
3. Children of any age can take part.	❏	❏
4. You can take rollerblading classes there.	❏	❏
5. You can buy all the necessary equipment there.	❏	❏
6. Beginners' tracks, speed tracks and ramp areas are open three mornings a week.	❏	❏
7. It costs €5 for the over tens.	❏	❏

Exercice 6

Es-tu accro à la technologie ?

TE SÉPARER DE TES JOUJOUX ÉLECTRONIQUES PENDANT LES VACANCES, EST-CE POSSIBLE OU TRÈS PÉNIBLE ?

❶ **Ton ami(e) Lulu est en voyage à l'autre bout du monde :**

✿ Tu lui envoies un mail de temps en temps, entre une baignade et une soirée crêpes.

♥ Tu guettes chaque jour ses aventures sur Facebook.

✳ Bah ! Il (elle) te racontera tout une fois rentré(e).

❷ **Tu joues à la console. Tes parents te proposent une balade sur le port :**

✳ Volontiers, tu as les doigts en charpie et les yeux rouges.

✿ OK, mais plus tard. Les bateaux ne vont pas s'envoler, pas vrai ?

♥ Euh... L'air marin attendra demain. Tu es en pleine partie, là !

❸ **Petit footing en forêt, à la fraîche ; tu cours :**

♥ Tes écouteurs d'iPod rivés aux oreilles.

✳ Bercé(e) par le chant des oiseaux.

✿ Avec ton téléphone en poche. Si un(e) ami(e) t'appelait...

❹ **Quand ta grand-mère te dit qu'à son époque, il n'y avait ni internet ni téléphone portable, tu penses :**

✳ « C'était pas forcément nul... Elle a eu une vie bien remplie, mamie. »

♥ « Heureusement que je ne suis pas né(e) au temps des dinosaures ! »

✿ « Elle devait s'ennuyer souvent, mémé... »

❺ **Tu chates avec Jérémy. Dehors, il fait un temps superbe :**

✳ Tu abrèges la conversation. Pas question de laisser filer cette journée !

✿ Tu te fixes une limite : dans 1 h, promis, tu chausses tes baskets.

♥ Tu pianotes, pianotes, et quand tu relèves la tête, il fait nuit.

❻ **Ta réaction devant un magnifique coucher de soleil ?**

♥ Tu dégaines ton téléphone-appareil photo pour l'immortaliser.

✿ Ah ! Si seulement tu avais un téléphone-appareil photo...

✳ Tu l'admires, le souffle coupé, histoire de graver l'image dans ton esprit pour longtemps.

❼ **Panne d'électricité dans ton bungalow :**

✳ Tu prends avec le sourire cette soirée improvisée aux chandelles. Où sont les jeux de société ?

✿ Tu te désespères. Les batteries de ton portable sont à plat !

♥ Tu envoies un SMS à tes parents : « Oskour y a + 2 kouran ! »

❽ **Si tu totalises tes amis sur Facebook :**

✿ Tu arrives à 50 ou 100, avec pas mal d'amis virtuels.

♥ Tu dépasses la centaine... sans en avoir rencontré le tiers ! Pas mal, non ?

✳ Tu n'en as pas beaucoup, mais tu les connais tous : vous êtes copains « en vrai ».

Max de ✳ :
Débranché(e)

Avoir le fil (de ton ordinateur) à la patte, non merci ! Tu sais profiter des nouvelles technologies sans en être l'esclave, comme utiliser ton portable sans en exploser le forfait. D'ailleurs, tu ne comprends pas les copains qui vivent par écran interposé : mettre le nez dehors pour de vrai, c'est plus sympa (et meilleur pour la santé !)

Max de ✿ :
En mode veille

User de tes joujoux sans en abuser, voilà ta devise… parfois difficile à tenir quand l'appel du portable te rattrape ! Mais 2 mails et 3 textos, tu sais dire stop, te déconnecter et retourner à ta vie qui n'a rien de virtuel. Si tu traînes un peu trop, il y a toujours une voix pour te rappeler à l'ordre : celle de tes parents !

Max de ♥ :
Toujours en ligne

Combien de fois as-tu entendu : « Lâche cette console, ce téléphone, cet ordinateur ? » Trop, certainement, puisque tu ne les comptes plus. Vissé(e) à ton clavier, tu prends racine devant l'écran, repoussant les sorties à un plus tard qui n'arrive jamais. Allez, fais l'effort de te déconnecter… Le soleil brille à travers les volets !

Vocabulary to help you

les doigts en charpie	*finger in shreds*
mamie/mémé	*granny/nana*
pianoter	*to strum/tap on keyboard*
les chandelles	*candles*
jeux de société	*board games*
ton portable	*laptop*
totaliser	*to add up*
un esclave	*a slave*
un clavier	*a keyboard*
l'écran	*the screen*
Oskour y a + 2 kouran = Au secours il n'y a plus de courant	*Help, there is no electricity!*

J'écoute

Exercice 1 · Les jeunes se présentent

 Track 12

Listen to these three people introducing themselves and fill in the grids.

1.

Name: *Claude*
Age:
Colour of hair:
Colour of eyes:
No. of brothers and sisters:
Favourite pastimes:

2.

Name: *Christine*
Nationality:
No. of brothers and sisters:
Age:
Date of birth:
Favourite pastimes:

3.

Name : *Vincent*
Age:
Languages spoken:
No. of brothers and sisters:
Favourite TV programmes:

4.

Name: *Martine*
Nationality:
Languages spoken:
No. of brothers and sisters:
Age:
Favourite pastimes:

5.

Name: *Julie*
Nationality:
Languages spoken:
Age:
Birthday:
No. of brothers and sisters:
Favourite pastimes:

Exercice 2 · Samedi dernier

 Track 13

The following people tell us what they did last Saturday. Fill in the grid.

1.
2.
3.
4.
5.
6.
7.
8.
9.
10.

Exercice 3 · Alice se présente

Listen to the recording and fill in the blanks.

Bonjour, je m'appelle Alice et je suis _____. J'habite à Quimper en _____ , dans l'ouest de la France. J'ai _____ ans et mon anniversaire est le _____ septembre. Je suis assez _____ , avec les cheveux longs et les _____ bruns. Je suis timide.

　　J'ai deux frères et je n'ai pas de _____. Je suis la _____ de la famille. Mon père, Henri, _____ comptable, et ma mère est _____.

　　Je suis très _____, j'adore le basket et je _____ de la danse classique _____ fois par semaine, le lundi et le _____ à cinq _____. J'aime aussi la _____ et la musique. Ma chanteuse préférée est 'Inna'. Je n'aime pas _____ et je déteste les _____.

J'écris

Exercice 1

Look at the pictures below and write a sentence describing what is happening. Imagine you are the person in the picture. The first one has been done for you.

1. Je vais à la discothèque
2.
3.
4.
5.
6.
7.

Exercice 2

Write ten lines about yourself and your pastimes.

Exercice 3 · Exam practice

You are staying with a French family as part of a school exchange. You have arranged to meet your friends but the family is still asleep. Leave a note for your exchange partner Jean-Christophe. In your note:

- Tell him that you left the house at 10 o'clock this morning
- Say that you are going to the shopping centre with your friends
- Invite him to go to the stadium with you this afternoon.

Now Test Yourself

Translate the following sentences into French.

1. In my free time I like to go walking.

2. My favourite pastime is swimming.

3. I like reading and playing chess.

4. I go out with my friends.

5. I play the piano and the drums.

6. I go to the cinema every weekend.

7. I like to cook.

8. I do my homework.

9. I download music.

10. I play computer games in my room.

Chapitre 8
Le travail

📖 Je lis

This chapter deals with people's jobs and the world of work. You will learn how to say what your father's/mother's occupation is and what you would like to work as. It also covers the topic of pocket money and part-time jobs.

Je voudrais devenir	I would like to become
J'aimerais être	I would like to be
Qu'est-ce qu'il/elle fait, ton père/ta mère ?	What does your father/mother do?
Le métier de ma mère/mon père est	my mother's/father's occupation is

Les métiers

Mon père/mon frère/ma mère/ma sœur est :

Many French professions only have a masculine form but where there is a feminine form this is in brackets.

fonctionnaire	civil servant
ingénieur	an engineer

architecte	an architect
boulanger (boulangère)	baker
boucher	butcher
coiffeur (coiffeuse)	hairdresser
plombier	plumber
mécanicien (mécanicienne)	mechanic
menuisier	carpenter
agent de police/gendarme	a policeman
soldat	soldier
fermier	farmer
marin	sailor
facteur	postman
pharmacien (pharmacienne)	chemist
gérant	a manager
commerçant (commerçante)	a shopkeeper
chauffeur d'autobus (chauffeuse d'autobus)	bus driver
homme d'affaires (femme d'affaires)	businessman
ouvrier	factory worker
pompier	fireman

médecin	doctor
dentiste	dentist
hôtesse de l'air	flight attendant
journaliste	journalist
vendeur (vendeuse)	sales assistant
vétérinaire	vet
secrétaire	secretary
mannequin	model
instituteur (institutrice)	primary school teacher
professeur	secondary school teacher

comptable	accountant
infirmier (infirmière)	nurse
avocat (avocate)	lawyer
informaticien (informaticienne)	computer programmer

Mon père est chômeur/au chômage	My father is unemployed
Ma mère travaille à la maison	My mother works in the home
Mon père est travailleur indépendant	My father is self-employed

Mon père/ma mère/mon frère/ma sœur/je travaille :

dans un magasin	in a shop
dans un bureau	in an office
dans une banque	in a bank
dans une usine	in a factory
dans un hôpital	in a hospital
dans une entreprise	in a company

L'argent de poche

j'ai un petit boulot	I have a part-time job
je gagne huit euros de l'heure	I earn eight euro an hour
je reçois vingt euros chaque semaine	I receive twenty euro a week
je fais du baby-sitting	I do babysitting
je range ma chambre	I tidy my bedroom
je range les rayons	I tidy the shelves
je mets de l'essence dans les voitures	I put petrol in the cars
je sers les clients	I serve the clients
j'aide mes parents à la maison	I help my parents in the house
je fais des économies	I am saving
pour acheter un portable	to buy a mobile
je dépense mon argent	I spend my money
j'achète des disques et des vêtements	I buy CDs and clothes
C'est bien/mal payé	It is well/badly paid
C'est intéressant/fatigant	It is interesting/tiring

Exercice 1

1. You are in France looking for a place to park your car. Which one of these signs should you pay attention to?

    (a) SENS UNIQUE
    (b) PRIÈRE DE NE PAS STATIONNER
    (c) LOCATION DE VÉLOS
    (d) BRICOLAGE

2. You are looking for a hairdresser. Which sign would interest you?

    (a) NETTOYAGE À SEC
    (b) CONSIGNE
    (c) COIFFEUR
    (d) CAISSE

3. You are looking for a lift. Which sign would interest you?

    (a) ACCUEIL
    (b) PÂTISSERIE
    (c) ASCENSEUR
    (d) PIÉTONS

Exercice 2

Can you find these twelve occupations in the grid opposite?
(horizontal, vertical, forwards and backwards)

LAWYER	DENTIST	ACTOR	SALESWOMAN
SAILOR	POSTMAN	FIREMAN	MANAGER
SHOPKEEPER	PLUMBER	SOLDIER	POLICEMAN

R	E	I	B	M	O	L	P	A	T
T	A	D	L	O	S	R	B	G	N
E	V	E	N	D	E	U	S	E	A
A	O	N	I	D	R	E	S	R	C
V	D	T	R	E	U	T	P	A	R
O	L	I	A	B	O	C	N	N	E
C	H	S	M	E	U	A	M	T	M
A	C	T	E	U	R	F	L	P	M
T	R	E	I	P	M	O	P	G	O
G	E	N	D	A	R	M	E	B	C

Exercice 3

Match up the descriptions to the jobs.

1. Je soigne les animaux malades.	☐	(a)	Comptable
2. Je donne des cours d'anglais et d'histoire.	☐	(b)	Infirmière
3. Je fabrique des meubles.	☐	(c)	Professeur
4. Je vends des croissants.	☐	(d)	Chef
5. Je travaille avec des ordinateurs.	☐	(e)	Informaticien
6. J'aime les maths et les chiffres m'intéressent.	☐	(f)	Vétérinaire
7. J'aime cuisiner et je porte un grand chapeau blanc.	☐	(g)	Boulanger
8. Je travaille dans un hôpital.	☐	(h)	Menuisier

Exercice 4

Read the following small ads and answer the questions below.

Entreprise recherche plombier, sérieuses références exigées, connaissances chauffages individuel et collectif.
Tél. 04.93.54.55.77

AB Intérim recherche jardinier, expérience souhaitée, quartier Saint-Roch. Tél. 04.93.16.05.34

Manpower TT Menton, recherche pour mission immédiate : plusieurs électriciens. Expérience chantier exigée. Tél. 04.92.10.52.10

Recherche vendeuse(eur) mi-temps, expérience souhaitée, bonne présentation, jours de repos vendredi et dimanche.
Tél. 04.93.56.23.11

URGENT, Cherche maîtres nageurs piscines copropriétés Croix-Valmer. Salaires motivants. Saison du 20/06 au 31/08. Diplôme Beesan ou BNSSA. Tél. 04.98.12.90.56

Nice Ouest : cherche boulanger uniquement le lundi pour remplacement à l'année.
Tél. 04.93.83.20.56

1. What number would you ring if you wanted to work?

    (a) as a gardener
    (b) as a lifeguard
    (c) as an electrician
    (d) as a plumber
    (e) on Mondays

2. What job do you need to have a neat appearance for?

Exercice 5

JEUNE FEMME, permis de conduire, cherche à garder personnes âgées ou enfants, du lundi au dimanche. Je suis sociable, dynamique et sérieuse. Pas sérieux s'abstenir. Tél. 04.93.96.35.77 ou 06.11.60.40.10

JARDINIER de métier cherche emploi entretien propriétés, élagage, débroussaillement, réfection gazon, étudie toutes propositions. 06.15.50.36.78, 06.19.46.92.01

RETRAITÉ fonctionnaire sérieux, honnête, discret, non-fumeur, permis conduire, cherche gardiennage villa, propriété, contre logement disponible. 06.66.15.49.41

DAME sérieuse, garde dans cadre agréable, bébé ou enfant après école, mercredi et vacances, centre ville Nice, quartier Cimiez. Tél. 04.93.53.36.77

JEUNE HOMME sérieux cherche emploi de chauffeur livreur manutentionnaire, très bonnes connaissances Alpes-Maritimes. Tél. 06.15.63.37.87

ÉTUDIANTE dynamique et motivée, cherche emploi pour l'été, disponible de suite. Pas sérieux s'abstenir. Tél. 06.63.72.95.79

JEUNE FEMME avec expérience dans la vente, étudie toutes propositions sur Nice, non-véhiculé. Tél. 04.93.44.26.15

AVOCAT dominante Droit social avec expérience professionnelle recherche collaboration Cabinet d'Avocats. Tél. 06.61.89.83.64

COUPLE, 35 ans, trilingue (français, anglais, espagnol), sans enfant, sérieux, connaissance et expérience de la culture britannique et des pays du Golfe, cherche gardiennage villa, secteur 06/83/2A/2B; lui : gardien, espaces verts, permis de conduire ; elle : gardienne, ménage, repassage. Contact e.mail : anave@club-internet.fr

JEUNE FEMME cherche ménage, repassage, cuisine, garde d'enfants. Tél. 06.74.71.90.11

1. Write down the telephone number of the person who:

   (a) is available immediately
   (b) wants to work as a driver
   (c) is a non-smoker
   (d) has sales experience
   (e) will do your ironing
   (f) is a lawyer
   (g) will mind elderly people.

2. Describe the couple who want to be contacted by email (3 points).

Exercice 6

Grève en Italie : poids lourds bloqués au tunnel de Fréjus

La circulation des poids lourds était impossible, hier, au tunnel de Fréjus, dans les deux sens, Italie-France et France-Italie, en raison d'un mouvement de grève des routiers italiens. Si la circulation des voitures n'a pas été perturbée, près d'un millier de camions étaient "stockés" sur les parkings disponibles et sur l'autoroute. La grève italienne a débuté hier matin en Italie pour une durée de sept jours à l'appel des principaux syndicats de patrons routiers qui réclament une augmentation de salaire.

1. What nationality are the drivers that are on strike?
2. When did the strike start?
3. For how long will it last?
4. Why are the drivers on strike?

 J'écoute

Exercice 1 · Les professions

 Listen to five people talking about their jobs and answer the questions below.

1. What is Robert's profession?
2. Where does he work?
3. What time does he finish work?
4. What day does he not work?

1. What is Alice's profession?
2. Where does she work?
3. What are her working hours?
4. What does she not like about her job?

1. What is Thomas's profession?
2. What are his working hours?
3. Why does he not like his job?

1. What is Frédéric's profession?
2. Why does he like his job?
3. What is one disadvantage of his job?

1. What is Anne's profession?
2. Why does she like her job?
3. What is one disadvantage of her job?

Exercice 2 · J'aimerais devenir

 Track 14

Listen to the following four people introducing themselves.

1.

Name: *Paul*
Age:
No. of brothers and sisters:
Father's profession:
Mother's profession:

2.

Name: *Odile*
Age:
No. of brothers and sisters:
Father's profession:
Mother's profession:
Odile's future profession:

3.

Name: *Guillaume*
Birthday:
No. of brothers and sisters:
Father's profession:
Mother's profession:
Guillaume's future profession:

4.

Name: *Agnès*
Age:
No. of brothers and sisters:
Father's profession:
Mother's profession:
Agnès's future profession:

Exercice 3 · Les petits boulots

Ⓣ Four young people talk about their part-time jobs.

TRUE OR FALSE?   **True   False**

1. Last summer Philippe worked in a bakery.   ❏   ❏
2. He earned €150 a week.   ❏   ❏
3. He spent the money on books and the cinema.   ❏   ❏

1. Claire helps her mother at home. ❏ ❏
2. She does the dishes and hoovers. ❏ ❏
3. On Saturday she minds her little sister. ❏ ❏
4. She gets €30 a week. ❏ ❏

1. Catherine babysits for her neighbours ❏ ❏
2. She minds their two boys on Sundays. ❏ ❏
3. She earns €10 an hour. ❏ ❏
4. She saves half of her money. ❏ ❏

1. Eric works as a chef in a restaurant. ❏ ❏
2. He starts work at six in the evening and finishes at midnight. ❏ ❏
3. He likes his work. ❏ ❏
4. He earns €50 a night. ❏ ❏

 J'écris

Exercice 1

Imagine you are the person in the picture. Write a sentence describing what you are doing. The first one has been done for you.

1. Je range ma chambre
2.
3.
4.
5.
6.

1.

2.

3.

4.

5.

6.

Exercice 2

Write a paragraph about your parents; include their names, a description of them, what they do for a living and what their pastimes are.

Exercice 3 · Exam practice

Write a letter to your French penpal Jean/Jeanne. In the letter:

- thank them for their kind invitation to France
- say that you won't be able to go because you have a part-time job
- say where you work and one task you have to do
- say how much you earn and what you spend the money on
- wish them an enjoyable holiday.

Now Test Yourself

Translate the following sentences into French.

1. My Dad is unemployed.
2. My Mum works in a factory.
3. I earn ten euro an hour.
4. My brother is a fireman.
5. I have a part-time job.
6. My Mum is a primary-school teacher.
7. I would like to become a nurse.
8. I help my parents in the house.
9. I tidy my bedroom.
10. I buy books and clothes.

Chapitre 9

Les vacances

 ## Je lis

If you go on holidays to France it is important to be able to ask for things such as a site for a tent or a bed in a youth hostel. This chapter will give you all the necessary phrases.

Les vacances

les grandes vacances	*the summer holidays*
les vacances de Pâques	*the Easter holidays*
les vacances de Noël	*the Christmas holidays*
les vacances commencent	*the holidays start*
les vacances se terminent	*the holidays end*
les vacances durent deux semaines	*the holidays last two weeks*
à la campagne	*in the country*
à l'étranger	*abroad*
au bord de la mer	*by the sea*
être en vacances	*to be on holidays*
un jour de congé	*a day off*
le terrain de camping	*the campsite*
le sac de couchage	*the sleeping bag*
la colonie de vacances	*holiday camp*
une auberge de jeunesse	*a youth hostel*
faire du camping	*to go camping*
dresser une tente	*to erect a tent*
le bureau de tourisme	*tourist office*
le syndicat d'initiative	*the tourist information office*

Je vais/nous allons	I am/we are going
partir en vacances	to go on holidays
faire un séjour	to stay somewhere
nager dans la mer	to swim in the sea
faire un pique-nique	to have a picnic
sortir à la discothèque	to go out to the disco
faire un échange	do an exchange
rester chez moi/nous	stay at home
pêcher dans la rivière	to fish in the river
faire de la voile	to go sailing
se bronzer à la plage	to sunbathe at the beach
faire une excursion	to go on an outing
visiter des monuments célèbres	to visit famous monuments
rester dans un hôtel	to stay in a hotel
rendre visite à son oncle/sa tante	to visit one's uncle's/aunt's

Nous allons prendre	We are going to take
le bateau	the boat
le car	the coach
le ferry	the ferry
le train	the train
l'avion	the plane

Questions et réponses

Vous avez de la place ?	Have you got any room?
Vous avez un emplacement pour une tente/une caravane ?	Have you got a site for a tent/caravan?
Nous avons une tente/une caravane/ une voiture	We have a tent/a caravan/a car
C'est pour une nuit/deux nuits/une semaine	It's for one night/two nights/one week
Nous sommes quatre-deux adultes et deux enfants	There are four of us – two adults and two children
Il y a un magasin/une piscine dans le camping ?	Is there a shop/a pool at the campsite?

Exercice 1

Match the following sets of signs and pictures. Indicate your answer by inserting the letters which correspond to the numbers in the boxes below.

1. Plage à 100m

2.

3. Librairie

4.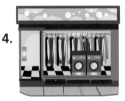

5. Virages sur 2 km

6. Jardin public

7.

8. Stationnement interdit

9. Cadeaux

10.

A. Caisse ouverte

B. Nettoyage à sec

C.

D.

E.

F. Interdit aux chiens

G.

H. Coiffeur

I.

J.

NUMBER	LETTER	NUMBER	LETTER
1.		6.	
2.		7.	
3.		8.	
4.		9.	
5.		10.	

Exercice 2

Tick the correct box.

1. En Irlande les élèves de lycée ont
   (a) deux mois de vacances ❑
   (b) trois mois de vacances ❑
   (c) trois semaines de vacances ❑

2. Pendant les vacances de Pâques nous mangeons
   (a) beaucoup de bonbons ❑
   (b) beaucoup de chocolat ❑
   (c) beaucoup de frites ❑

3. En juin je dois
   (a) passer des examens ❑
   (b) rendre visite à mes cousins ❑
   (c) aller à Dublin ❑

4. Au mois de février beaucoup de jeunes français
   (a) vont à la plage ❑
   (b) font du ski ❑
   (c) jouent de la guitare ❑

5. À Noël je
   (a) reçois des cadeaux ❑
   (b) vais à la bibliothèque ❑
   (c) joue au tennis ❑

6. D'habitude en été
   (a) il fait très froid ❑
   (b) il neige ❑
   (c) il fait beau ❑

7. Pendant les grandes vacances
   (a) je vais à la plage ❑
   (b) j'étudie la chimie ❑
   (c) je range ma chambre ❑

8. Le week-end j'aime bien
   (a) boire du lait ❑
   (b) sortir avec mes amis ❑
   (c) tondre la pelouse ❑

Exercice 3 · Carnet de voyage

Alizé

Âge : 12 ans

Ce que j'aime : être dans la nature pour profiter du silence, grimper aux arbres, faire des cabanes, l'escalade, la gym et la danse.
Ce que je n'aime pas : les insectes comme les taons, les moustiques et les mouches.
Où : Alizé est partie avec ses parents et ses 2 sœurs pour un voyage itinérant en camion en Amérique du Sud. Leur voyage a duré quatorze mois.
Ce que j'ai vu : En Bolivie, le paysage était tellement beau que j'ai eu l'impression de rêver. Nous avons vu deux volcans. Sur les hauts plateaux des Andes, on aperçoit des lamas. Les éleveurs reconnaissent leurs lamas grâce aux pompons de couleurs qu'ils ont dans les oreilles.
Des amis : Nous avons rencontré une famille très sympa au détour d'une piste dans le sud du Chili. Ils nous ont accueillis chez eux et sont devenus des amis. La famille vit dans une maison en tôle et en plastique, sans eau.
La maison nomade : La famille d'Alizé a choisi de partir avec deux véhicules : une voiture tout-terrain et un camion sur lequel repose une cellule. Les parents ont fabriqué eux-mêmes ce petit nid : un an de boulot tous les week-ends. À l'intérieur, 3 lits pour les filles, un lit pour les parents, une table et un frigo. On y mange et on y dort. Pour se laver, c'est dans les campings.

TRUE OR FALSE?

		True	False
1.	Alizé likes listening to music	❑	❑
2.	Alizé doesn't like mosquitoes	❑	❑
3.	Her trip lasted four months	❑	❑
4.	In Bolivia they saw two volcanoes	❑	❑
5.	The llamas have coloured pompons on their feet	❑	❑
6.	They met a nice family in the north of Chili	❑	❑
7.	The family have no running water	❑	❑
8.	It took her parents a year to build their 'nest'	❑	❑
9.	There are four beds in it	❑	❑
10.	They can sleep, eat and wash in it	❑	❑

Exercice 4

VACANCES À PETITS PRIX – TRUE OR FALSE?

Tarif 'Quinzaine futée' au village L' Abeille en Corrèze, avec petite piscine chauffée, espace forme, aire de jeux pour les enfants, plan d'eau à proximité ... Du 15 au 29 juillet, location d'un bungalow pour 4–5 personnes, 800 € (au lieu de 960 €), animations comprises. Possibilité d'abonnement repas à petit prix, avec réduction pour les enfants selon leur âge.

VAL, Les Vacances nature, tél. 04.73.43.00.43

		True	False
1.	There is a small heated pool.	❑	❑
2.	There is a play area for children.	❑	❑
3.	From 15th to 29th June a bungalow costs €800.	❑	❑
4.	All meals are included.	❑	❑

Exercice 5

1. Write down the number of the advertisement which would interest you if you wanted:
   (a) to visit a church
   (b) to go horse-riding
   (c) to look at furniture.

2. On what days in March and April is le Château des Allymes open?

1.

Étonnez-vous en Pays de NANTUA
Entrez dans les secrets de l'histoire : Musée de la Résistance, Musée du Peigne, abbatiale Saint-Michel, Vieux Nantua ...

Renouez avec des talents oubliés : Tourneurs sur bois, fabrication de Comté, dégustation de quenelles de brochet et sa sauce Nantua, des vins de Cerdon, des galettes cuites dans les anciens fours ...

Plongez dans une nature contrastée : Promenades sur le lac, élevage de cerfs et de biches, découverte des orchidées et autres fleurs, rivières et étangs, ... été comme hiver, un enchantement permanent ...

Savourez des plaisirs insoupçonnés : Voile, parapente, randonnées, raquettes, ski de fond, équitation, pêche, festival de musique, été Catholard, marché de l'art ...

Office de Tourisme du Pays de NANTUA – Haut-Bugey Place de la Déportation – 01130 NANTUA Tél. 04.74.75.00.05 – Fax 04.74.75.06.83

2.

LE CHÂTEAU DES ALLYMES

Le château des Allymes est une forteresse militaire qui date du XIVe siècle. C'est une vaste citadelle, fermée par une enceinte qui abrite entre ses murs un bourg. Il se compose d'un donjon et d'une tour circulaire, réunis par quatre courtines.

LE CHÂTEAU DES ALLYMES EST OUVERT : Décembre, Janvier, Février : Tous les samedis et dimanches de 14h à 17h.
Mars, Avril : Tous les jours sauf mardi de 14h à 18h.
Mai : de 10h à 12h et de 14h à 18h.
Juin, Juillet, Août, Septembre : de 10h à 12h et de 14h à 19h.
Octobre, Novembre : de 14h à 18h.

CHÂTEAU DES ALLYMES – Les Allymes
01500 Ambérieu en Bugey – **Tél. 04.74.38.06.07**

3.

FERME-MUSÉE DE LA FORÊT SAINT TRIVIER DE COURTES

Sur la D975 entre Bourg en Bresse et Tournus.

Au cœur de la Bresse magnifique FERME BRESSANE du XVIIe siècle avec **CHEMINÉE SARRASINE son cadre, son architecture et sa collection d'outils.**

Visites de 10h à 12h et de 14h à 19h
– tous les jours du 1er juillet au 30 septembre
– tous les week-ends du 1er avril au 31 octobre

OUVERT TOUTE L'ANNÉE POUR LES GROUPES SUR RÉSERVATION

OFFICE DE TOURISME DES PAYS DE BRESSE
01560 Saint Trivier de Courtes
Tél. 04.74.30.71.89. Fax : 04.74.30.76.79

4.
MAISON DE PAYS EN BRESSE
RN 83
01370 Saint-Etienne-du-Bois
Vous verrez : la cheminée sarrasine, l'archebanc, l'habitat d'autrefois (1700–1900), les costumes, les métiers avec une riche collection d'outils, les véhicules hippomobiles, la salle de classe 1900, l'étable, le four à pain, le poulailler.
Les Ébénistes Bressans exposent leurs meubles de style de grande renommée.

Point ⓘ

Ouverture de Pâques à la Toussaint, tous les jours sauf dimanche matin de 9h à 12h et de 14h30 à 18h30.
Pour les groupes annoncés et sur confirmation par fax ou courrier, visite toute l'année.
Visite pour les scolaires toute l'année.
Entrée payante. Étudiants demi-tarif.
Gratuit pour les enfants.
Tél./Fax 04.74.30.52.54

5.
Office de Tourisme '**CHALARONNE CENTRE**'

Un Pied en Dombes, un Pied en Bresse.
Pavillon du Tourisme – Place du Champ de Foire
01400 CHATILLON SUR CHALARONNE
Tél: 04.74.55.02.27 Fax: 04.74.55.34.78

13 communes vous accueillent ...

Découvrez les richesses de notre région (églises romanes, anciens remparts, gastronomie, artisanat d'art, sentiers de randonnées, la faune et la flore de la Dombes et de la Bresse, la pêche en rivières et en étangs ...)

Visitez Châtillon sur Chalaronne, cité médiévale et fleurie, grand prix national de fleurissement 1997, l'église gothique Saint André (XIII–XVI), les quartiers médiévaux, la porte de Villars (XIV), les Halles (XV), les ponts et berges fleuris ...
Visites de la ville pour les individuels les mardis de l'été sur réservation préalable.
Visites de la ville, accompagnements et guidages en Dombes et Bresse pour les groupes toute l'année sur réservation.

Exercice 6 · L'Ardèche

Mon guide est un âne ! Découvrir la montagne ardéchoise avec des ânes bâtés. Voilà une façon originale de passer des vacances en famille. Avec deux grandes oreilles, quatre pieds sûrs et un dos solide pour porter les bagages (jusqu'à 35 kg), votre compagnon de route fera marcher les enfants sans qu'ils s'en aperçoivent. Et si vos chérubins sont fatigués : hop, en selle ! Chaque matin, vous choisissez un itinéraire (de trois à six heures de marche) pour vous rendre à l'étape suivante. Pas de souci d'intendance : les hébergements et les repas sont réservés à l'avance. Et on vous préparera un pique-nique pour chaque déjeuner. Avant de partir pour l'aventure, on vous donnera des conseils pour bien guider les ânes, les nourrir, les brosser . . . Et parfois les convaincre . . . de ne pas vous faire tourner en bourrique !

1. Who is this holiday suitable for?
2. Name two things that you can use the donkeys for.
3. How many hours will you walk for each day?
4. What is reserved in advance?
5. What will you be shown before heading off?

J'écoute

Exercice 1 • Les vacances

Ⓣ A journalist interviews four people about holidays.

1.
- (a) What would this person's ideal holiday be?
- (b) Give one reason why he would like this type of holiday.
- (c) What is the disadvantage of such a holiday?

2.
- (a) Who does this person like to spend the holidays with?
- (b) Why does she like camping?
- (c) Where did they go this year at Easter?
- (d) Name two things they did there.

3.
- (a) When was this man's best holiday ever?
- (b) Where did he go?
- (c) With whom did he go?
- (d) Name one thing that they did in Boston.
- (e) For how long did they ski?

4.
- (a) What type of holiday does this girl like?
- (b) Where did she go last year on holidays?
- (c) With whom did she go?
- (d) What did they do in the evening?

Exercice 2 · Les grandes vacances arrivent

Track 15

Four people talk about where they are going on their summer holidays. Fill in the grid below according to what each of them says.

Where will they go	With whom will they go	For how long will they go	Two activities they will do
1.			
2.			
3.			
4.			

Exercice 3 · Les vacances en Irlande

Julie talks about her holidays in Ireland.

1. How long was Julie in Dublin for?
2. Name two things that happen in Dublin every weekend.
3. Describe Julie's penpal Deirdre.
4. Describe Deirdre's mother.
5. Who drove the girls to Connemara?
6. Where did they stay?
7. Name two things Julie did in Connemara.
8. Name one Irish speciality that she tasted.
9. Did Julie's English improve?
10. When is Deirdre coming to France?

Exercice 4 · Au camping

 Track 16

Booking at a campsite. Fill in the grid according to what you hear on the recording. The first one has been done for you.

Site type	Site no. and location	No. of people	No. of nights	Price
1. Caravan	12 – beside the shop	2	3 nights	€60
2.				
3.				
4.				

 J'écris

Exercice 1

Put the words in the correct order and write out what each sentence means.
1. adultes enfant un Nous sommes et deux
2. nuits C'est quatre pour
3. emplacement tente un avez une Vous pour ?
4. le allons train prendre Nous
5. visite tante ma rendre Je à vais
6. monuments allons Nous célèbres des visiter
7. le tourisme est de bureau Où ?
8. commencent juillet grandes premier le vacances Les
9. durent semaines de Les Noël vacances deux
10. chez rester Je moi vais

Exercice 2

You are on holidays in Spain with your family. Write a postcard in French to your penpal telling them where you are, what the weather is like and what you have been doing.

Exercice 3 · Exam practice

It is the month of May and you are preparing for the Junior Certificate. Write a letter in French to your penpal Claudine. In your letter:

- apologise for not writing sooner and give an excuse
- thank her for the invitation to spend two weeks in St Malo next summer
- tell her what you hope to do during your time in St Malo
- ask her for news about her family
- tell her what you did during the Easter holidays.

Now Test Yourself

Translate the following sentences into French.

1. We are going to go camping.
2. I am going to stay at home.
3. I am on holidays.
4. We are staying in a youth hostel.
5. We are on holidays by the sea.
6. There are five of us, two adults and three children.
7. We are going to take the boat.
8. The weather is lovely.
9. I sunbathe at the beach.
10. The summer holidays start in two weeks.

Chapitre 10
L'école

📖 Je lis

School is the focus of this chapter. In France primary school lasts five years (from age 6 to age 11). Students then attend secondary school for seven years. For the first four years they go to a collège (sixième to troisième), and at the end of this they do the Brevet which is the equivalent of our Junior Certificate. For the last three years (seconde, première and terminale), French students go to a lycée where they do their Baccalauréat, which is the equivalent of our Leaving Certificate.

Exam Focus

In the Junior Certificate exam you are often asked to write something about your school or the subjects you like/dislike. In the listening comprehension you may also hear students talking about their school day.

Les écoles

une école maternelle	*a kindergarten/nursery school*
une école primaire	*a primary school*
un collège	*a secondary school (first cycle)*
un lycée	*a secondary school (second cycle)*
une école mixte	*a mixed school*
un internat	*a boarding school*
l'université	*university*
la faculté	*faculty*

Les personnes

un écolier	a schoolgoer (primary school)
un élève	a pupil
un étudiant	a student
un interne/un pensionnaire	a boarder
un instituteur/une institutrice	a primary-school teacher
un professeur	a secondary-school teacher
le directeur/la directrice	the principal

Les matières

les mathématiques/les maths	maths
le français	French
l'espagnol	Spanish
l'irlandais	Irish
l'anglais	English
l'allemand	German
l'italien	Italian
la géographie (la géo)	geography
l'histoire	history
les sciences	science
la physique	physics
la chimie	chemistry
la biologie	biology
l'éducation physique et sportive (l'EPS)	P.E.
la musique	music
le dessin	art
les arts ménagers	home economics
le commerce	business studies
l'instruction religieuse	religion
l'éducation civique	civics
l'informatique	computer studies
les travaux manuels	wood/metalwork

Des mots importants

la rentrée	the return to school
le trimestre	the term
la récréation	break
le cours	the lesson/class
un examen	an exam
passer des examens	to sit exams
le cahier	copybook
les devoirs	homework
le bulletin scolaire	school report
facile	easy
difficile	difficult
ennuyeux	boring
intéressant	interesting
être fort en	to be good at
être moyen en	to be average at
être nul en	to be bad at
la note	mark/grade
apprendre	to learn
la cantine	the canteen
la bibliothèque	the library
la permanence	study period

Exercice 1

Chassez l'intrus – remember to say why it is the odd one out.

1.
- (a) le stylo
- (b) le livre
- (c) le cahier
- (d) la chaise

2.
    (a) l'italien
    (b) l'anglais
    (c) l'informatique
    (d) l'espagnol

3.
    (a) l'institutrice
    (b) l'élève
    (c) le professeur
    (d) le trimestre

4.
    (a) la biologie
    (b) le dessin
    (c) la permanence
    (d) le directeur

5.
    (a) la bibliothèque
    (b) la cantine
    (c) le bureau
    (d) la vache

Exercice 2

Look at the sentences below. Which word/phrase completes each sentence correctly? Write a, b or c, as appropriate, into the box.

1. Je dors à l'école. Je suis
    (a) grand
    (b) interne
    (c) marin

2. Chaque cours dure
    (a) trois jours
    (b) une heure
    (c) une semaine

3. Nous avons une petite récréation à
   (a) sept heures et demie
   (b) dix heures et demie ☐
   (c) cinq heures

4. Je prépare le Baccalauréat. Je suis en
   (a) troisième
   (b) première ☐
   (c) terminale

5. En classe de géographie nous étudions
   (a) la cuisine
   (b) les pays ☐
   (c) le dessin

6. Quand on ne respecte pas le règlement on doit aller voir
   (a) l'instituteur
   (b) le directeur ☐
   (c) l'infirmière

7. Je suis en sixième. J'ai
   (a) dix-huit ans
   (b) onze ans ☐
   (c) sept ans

8. J'adore l'histoire parce que
   (a) c'est trop difficile
   (b) c'est très ennuyeux ☐
   (c) le prof est sympa

9. Je déteste les sciences, surtout
   (a) le commerce
   (b) la chimie ☐
   (c) la chaise

10. Je suis faible en maths. Je reçois toujours
    (a) six sur vingt
    (b) quatorze sur vingt ☐
    (c) vingt sur vingt

Exercice 3

Read Marie's description of her week at school and answer the questions below.

Salut, moi je m'appelle Marie et je suis en classe de troisième au collège Saint-Jean à Nantes. Dans mon école il y a huit cent cinquante élèves et dans ma classe nous sommes vingt-cinq, quatorze filles et onze garçons.

J'habite tout près de mon école alors j'y vais tous les matins à pied. Les cours commencent à huit heures et finissent à cinq heures, mais le mercredi et le samedi nous finissons à midi.

J'aime bien mon école et en général mes résultats scolaires ne sont pas trop mauvais. Je fais neuf matières. Ma matière préférée est l'allemand ; je suis forte en langues étrangères. Par contre, je déteste la physique. C'est ennuyeux et le prof m'énerve. Il est trop strict.

Je dois travailler très dur cette année parce que je vais passer le Brevet en juin. Je fais au moins trois heures de devoirs chaque soir et je fais aussi des révisions le week-end. J'ai hâte de finir mes examens et d'être en vacances. Au mois de juillet je pars en colonie de vacances avec mes amis.

1. How many pupils are there in Marie's school?
2. How many boys are there in her class?
3. How does she go to school?
4. What happens on Wednesdays and Saturdays?
5. What is her favourite subject and why?
6. Why does she not like physics?
7. How much homework does she do?
8. What does she plan to do in July?

Exercice 4

COLLÈGE INTERNATIONAL – CANNES
FRANÇAIS POUR ÉTRANGERS
ANNÉE UNIVERSITAIRE/ÉTÉ
ÉTABLISSEMENT D'ENSEIGNEMENT
SUPÉRIEUR PRIVÉ
1, avenue du Docteur Pascal – 06400
CANNES – FRANCE
Tél. (33) 4.93.47.39.29 –
Fax (33) 4.93.47.51.97
e-mail: cic@imaginet.fr
http://www.french-incannes.com

Un campus
Situé au bord de la mer, le Collège International occupe une superficie de 11.000 m², où sont rassemblés tous les services nécessaires à la vie étudiante.

Une expérience
Ouvert toute l'année, le Collège International met à la disposition des étudiants une équipe stable et permanente de professionnels spécialisés dans le domaine de l'enseignement et de l'accueil.

Le contact et la sécurité
24 heures sur 24, un correspondant du Collège répond aux appels téléphoniques et permet aux parents et amis de joindre rapidement les étudiants logés sur le campus.

Une atmosphere incomparable
Le campus n'est pas seulement un établissement d'enseignement, c'est aussi un lieu de vie et de rencontre, propice à la découverte des autres et de soi-même dans un cadre privilégié.

ANIMATION
Grâce à son équipe et à sa structure d'animation, le Collège International propose à chaque session un programme d'activités extrêmement varié.
Certaines d'entre elles sont gratuites. Pour les autres est prévue une participation aux frais.

Sports
Squash, équitation, rafting, volley-ball, ping-pong, plongée sous-marine, voile, V.T.T., cours d'aérobic, canyoning, ski, football, randonnée pédestre.

HÉBERGEMENT
Internat sur le campus
PENSION COMPLÈTE
Chambre, petit déjeuner, déjeuner, dîner.

DEMI-PENSION
Chambre, petit déjeuner, déjeuner.
Chambres à 1, 2 ou 3
Lavabo dans chaque chambre, toilettes et douches à chaque étage. Draps et couvertures fournis par le Collège. Pension complète tous les jours de la semaine. Le week-end : brunch.

1. Where is the college situated?
2. When is it open?
3. What service is available 24hrs a day?
4. Do you have to pay for activities?
5. Is wind-surfing available?
6. What will you find in every student room?
7. What items are provided by the college?

Exercice 5

**BACCALAURÉAT
LA CHALEUR N'A PAS GÊNÉ
STÉPHANIE**

Une bouteille d'eau bien fraîche. Stéphanie n'a pas oublié cet accessoire indispensable pour tenir lors de son épreuve d'anglais, hier après-midi. « Mais, même ceux qui n'y avaient pas pensé ont pu heureusement se désaltérer », raconte l'élève du lycée Sonia-Delaunay de Villepreux (Yvelines) qui passe son bac ES économique et social). « Dans la salle d'examen, on nous a carrément apporté des carafes et des verres. Les profs qui surveillaient nous en ont proposé. »

Dernière épreuve écrite ce matin
La chaleur accablante ne l'a toutefois pas empêchée de bien réussir. « C'est la première fois que je suis surprise par la facilité du sujet, je croyais que cela serait nettement plus compliqué », poursuit Stéphanie. « Je ne suis pas très bonne en anglais et j'ai pratiquement tout compris au texte ! Au bac blanc, j'avais galéré

et, là, tout m'a semblé faisable. J'avais d'ailleurs révisé des notions grammaticales ardues et les exercices demandés étaient, au contraire, plutôt simples, comme le style direct et indirect, les adjectifs. » Stéphanie est donc rentrée chez elle « cool et heureuse ».

Un signe de bon augure pour ce matin où elle affronte sa dernière épreuve écrite – et non la moindre puisque c'est un de ses plus forts coefficients –, l'économie. Hier soir, elle a encore passé du temps à revoir certains chapitres, comme la mondialisation, sans pour autant se priver d'un de ses films préférés qui passait sur M6, « La mort dans la peau ». « J'ai hâte d'être à mardi soir », confie la jeune fille. « Je serai enfin débarrassée de tout ce travail et ce stress ! » L.L.F.

« Le Parisien » – 'Aujourd'hui en France' derrière Stéphanie ! Nous suivons en effet la jeune lycéenne tout au long de son examen.

1. What did Stéphanie bring to her exam?
2. Why did she need this item?
3. What subject was the exam in?
4. When was the exam?
5. How does she think she got on?
6. What exam is she doing this morning?
7. When will all her exams be over?

Exercice 6

JAMAIS SANS … UN PLAN D'ENFER POUR RÉUSSIR SES EXAMS

❶ ORGANISEZ-VOUS !

Pour être au top physiquement et intellectuellement, allez au lit à heure fixe et dormez huit heures. Enfin, pour évacuer le stress, faites au moins une séance de sport par semaine.

❷ MANGEZ INTELLIGENT !

Faites un petit déjeuner complet et pensez à mettre des vitamines (légumes verts et fruits frais), des protéines (œufs et poissons) et des sucres lents (pâtes, riz, pommes de terre) dans vos autres repas afin de faire le plein d'énergie. En cas de coup de pompe pendant les révisions ou le jour J, prévoyez des fruits secs et du chocolat !

❸ ÉTUDIEZ MALIN !

Tôt le matin et entre 16h et 19h, les facultés intellectuelles sont au top ! À minuit, ça ne sert plus à rien, l'hormone du tonus est au niveau zéro. Par contre, avant de vous coucher, lisez vos révisions du jour. Au réveil, vous aurez mémorisé pas mal d'infos !

❹ RESTEZ ZEN !

Le jour J, pensez à vous munir d'une petite bouteille d'eau et d'une friandise "antiflagada". Avant de vous jeter sur votre stylo, respirez profondément les yeux fermés et faites le vide. Une fois détendu, lisez attentivement et plusieurs fois votre sujet. Eh oui, la majorité des échecs proviennent d'une erreur de lecture !

1. Name one thing you should do to ensure you are in top form.
2. What should you do to avoid stress?
3. Name four foods you should eat in order to give yourself energy.
4. When are you mentally most alert?
5. Name one thing you should bring in to the exam with you.
6. What is the most common mistake made in exams?

J'écoute

Exercice 1 · Mon école

Track 17

Four people talk about their schools.

	True	False
1. Marie is sixteen years old.	❏	❏
There are one thousand three hundred pupils in her school.	❏	❏
She goes to a mixed school.	❏	❏
Her day starts at eight and finishes at four	❏	❏
She lives twenty kilometres from the school.	❏	❏
Her favourite subject is English.	❏	❏
They are allowed to smoke.	❏	❏
2. Caroline is in primary school.	❏	❏
School starts at eight and finishes at half past three.	❏	❏
She started English last year.	❏	❏
Maths is her favourite subject.	❏	❏
She hates history because it is too difficult.	❏	❏
3. Marc is a boarder.	❏	❏
He has one brother.	❏	❏
He lives ten kilometres from the school.	❏	❏
There are six hundred pupils in his school	❏	❏
4. This boy is doing his Bac (Leaving Cert.) this year.	❏	❏
He finds science subjects boring.	❏	❏
He does four hours' study every night.	❏	❏
He wants to study engineering.	❏	❏

Exercice 2 · Les matières

 Track 18

Ten people comment briefly about different school subjects. Write in the subject mentioned and one thing they say. The first one has been done for you.

SUBJECT AND ONE COMMENT MADE
1. German – it's my favourite subject; it's interesting to learn a new language.
2.
3.
4.
5.
6.
7.
8.
9.
10.

Exercice 3 · Une journée typique

 Delphine talks about a typical day in her school. Listen to her and answer the questions below.

1. What age is Delphine?
2. When is she doing her Bac?
3. How many days a week does she go to school?
4. What time does she get up at?
5. How long does her journey to school take?

6. On Monday what are her first two classes?
7. Name three sports she does in P.E. class.
8. What can they get to eat in the canteen for lunch?
9. Why does she like history?
10. What does she say about physics?
11. What does she do when she gets home from school?
12. What does she do at seven o'clock in the evening?

J'écris

Exercice 1

Fill in the blanks in the following passage with the correct word from the box.

uniforme	suis	stricts	devoirs	préférée
matières	géographie	école	seize	cents

Salut, moi je m'appelle Vincent et j'ai _____ ans. J'habite à Cannes, dans le

sud de la France. Je vais à une _____ mixte. Il y a huit _____ élèves dans

mon école. Moi, je _____ en première. Je fais six _____ cette année. Ma

matière _____ c'est le français mais je déteste la _____. À l'école

on ne doit pas porter d'_____. J'aime bien mon école, les profs ne sont

pas très _____ mais on nous donne beaucoup de _____.

Exercice 2

Translate the following passage into French.

Hi, My name is Tom and I go to a co-ed school. I am in third year. There are seven hundred students in my school. I do ten subjects. My favourite subject is Maths because it is easy. I am good at Maths and Business Studies. I hate Geography because the teacher is boring.

Exercice 3 · Exam practice

Write a letter in French to your French penpal Jean-Pierre/Christine. Include at least four of the following points:

- Thank him/her for his/her last letter
- Ask what he/she got for his/her birthday
- Say how much pocket money you get
- Mention something you bought recently
- Say something about your favourite television programme
- Mention something you do to help out at home
- Say what you are going to do in the summer holidays
- Talk about your favourite subject in school
- Describe what you wear to school/your school uniform.

Now Test Yourself

Translate the following sentences into French.

1. I do ten subjects.
2. I go to a co-ed school.
3. I am good at maths.
4. I like science and art.
5. Business studies is boring.
6. Computer studies is interesting.
7. My favourite subject is English.
8. There are six hundred pupils in my school.
9. I have an exam tomorrow.
10. We have lots of homework.

Chapitre 11
Révisons !

 ## Je lis

There is no new vocabulary in this chapter so now is a good time to revise the vocabulary done in Chapters 1–10.

To do the exercises in this chapter you will need to know your:
- Numbers
- Colours
- Days, months and seasons
- Physical descriptions
- Personality traits
- School subjects
- Pastimes
- Professions.

The following exercises will help you revise your vocabulary.

Exercice 1 · Révisons

A. Traduisez les nombres

14	62
26	77
35	85
48	96
59	100

B. Traduisez les jours, mois et saisons

Monday	July
Friday	August
Sunday	November
March	Winter
January	Spring

C. Matières et passe-temps – Match up with arrows

la natation	*fishing*
la pêche	*walking*
l'équitation	*art*
les promenades	*sailing*
le dessin	*horse-riding*
la voile	*Spanish*
les boums	*computer studies*
l'informatique	*swimming*
la chimie	*parties*
l'espagnol	*chemistry*

D. Descriptions – Match up with arrows

grand	*grey*
bavard	*lazy*
paresseux	*curly*
gris	*fat*
mince	*understanding*
bouclé	*small*
court	*talkative*
petit	*short*
compréhensif	*thin*
gros	*tall*

E. Professions – Match up with arrows

fonctionnaire	postman
coiffeur	nurse
facteur	accountant
pompier	lawyer
institutrice	sailor
infirmière	civil servant
comptable	hairdresser
avocat	sales assistant
marin	fireman
vendeuse	primary-school teacher

Exercice 2

1. You want to wish a friend good luck. Which card would you send?
    (a) Félicitations ❑
    (b) Bonne chance ❑
    (c) Heureux anniversaire ❑
    (d) Joyeux Noël ❑

2. You want to put an ad in a paper. Which section would you look for?
    (a) abonnement ❑
    (b) santé ❑
    (c) petites annonces ❑
    (d) horoscopes ❑

3. You want to borrow some books. Which sign would you look for?
    (a) chaussures ❑
    (b) boulangerie ❑
    (c) librairie ❑
    (d) bibliothèque ❑

4. Which of these signs warns you to be careful of the dog?
    (a) sortie   ❏
    (b) chien méchant   ❏
    (c) interdit aux chiens   ❏
    (d) eau potable   ❏

5. You wish to leave your luggage at the train station. Which sign would you look for?
    (a) renseignements   ❏
    (b) consigne   ❏
    (c) accueil   ❏
    (d) guichet   ❏

Exercice 3

LE COURRIER DU CŒUR

Read these letters written to an agony aunt and then decide who wrote each of the sentences below.

Chère Alice,

J'ai un problème. Je fais beaucoup de baby-sitting pour nos voisins et j'ai mis de l'argent de côté pendant quelques mois. Je veux acheter une télévision pour ma chambre mais mes parents ne sont pas d'accord. Je n'ai pas le droit d'acheter ce que je veux ! Mais c'est mon argent.

Marie 15 ans

Chère Alice,

En revenant de vacances je me suis inventé
un petit ami imaginaire rencontré là-bas pour
impressionner mes copines, mais je ne sais plus
comment me sortir de ce mensonge !

Élise 16 ans

Chère Alice,

Nous n'avons pas d'ordinateur à la maison.
Mes parents disent que c'est un luxe. Mais
je crois qu'un ordinateur est essentiel ! J'en
ai besoin pour faire mes devoirs. Qu'est-ce
que je peux faire ? Aidez-moi !

Marc 14 ans

Chère Alice,

J'ai un problème. Mon petit ami
a eu de meilleures notes que
moi au brevet et je ne peux pas
m'empêcher d'être jalouse. Je
n'ose le dire à personne car je
culpabilise !

Rachel 15 ans

Chère Alice,

Je suis très timide et je ne suis pas très populaire à l'école. C'est très difficile pour moi de me faire des amis et je me trouve souvent tout seul pendant la récré. Je ne suis pas sportif, je ne joue pas d'un instrument et je ne sais pas comment me faire des amis.

David 13 ans

No.	Problem	Marie	Élise	Marc	Rachel	David
1.	Her friend got better marks in the exams					
2.	Needs a computer for homework					
3.	Is not sporty					
4.	Has saved up money for several months					
5.	Has told a lie to her friends					
6.	Is jealous of her friend					
7.	Doesn't have any friends					

Exercice 4

Quel touriste es-tu?
TE VOILÀ À L'ÉTRANGER POUR 15 JOURS DE VACANCES. QUEL TOURISTE CE VOYAGE RÉVEILLERA-T-IL EN TOI ?

❶ **À peine arrivé(e), tu poses ton sac dans une chambre ...**

✿ Chez l'habitant. 20% luxe, 80% authenticité.

♥ D'une pension de famille, petite mais sympa.

✳ Climatisée d'un hôtel avec piscine. À toi la belle vie !

❷ **(Mauvaise) surprise : 3 cafards courent sur ton lit !**

✳ Horreur ! Tu hurles à ameuter le quartier et refuses de dormir là.

✿ Pas ragoûtant, mais bon... Ces bébêtes ne te mangeront pas !

♥ Arf ! C'est possible de changer de draps ? et de lit aussi ?

❸ **Choisis le programme de la 1re journée :**

♥ Musée, shopping, restau.

✳ Repos, repas, repos.

✿ Marché de jour, sieste, marché de nuit.

❹ **Évidemment, dans ce pays, personne ne te comprend. Tu t'en sors en parlant :**

✳ Le moins possible, ou seulement à d'autres touristes qui jouent les traducteurs.

✿ Avec les mains, en gribouillant des dessins au besoin.

♥ Un mélange de « français-anglais-langue du coin ». Pas très efficace, mais tu essaies !

❺ **Pas question de sillonner la ville sans...**

✿ Des habits couleur locale pour te fondre dans la masse.

♥ Un guide, une carte détaillée et une boussole.

✳ Ton appareil photo et ta bouteille d'eau.

❻ **Au restaurant, ton plat baigne dans une sauce à l'odeur bizarre :**

✿ Tu fais l'effort d'y goûter... et de l'apprécier.

✳ Tu n'y touches pas. Y'a pas des frites au menu par hasard ?

♥ Tu avales une bouchée en te pinçant le nez.

❼ **Pour une excursion de 2 jours, tu emportes :**

✳ Ta valise au complet pour avoir tout sous la main.

♥ Un petit sac à dos bien rempli, histoire de ne manquer de rien.

✿ 2 culottes et 1 tee-shirt. Pas envie d'être chargé(e) comme une mule !

❽ **Te rendre dans une ville à 7h de bus, l'idée vient :**

✿ De toi et toi seul(e), parfaite pour voir du pays.

♥ De ton frère, mais tu t'es laissé convaincre facilement.

✳ De tes parents. Toi, tu voulais prendre l'avion.

Max de ✳ prêt(e) pour :
Le farniente

Des heures de transports, de longues marches en plein soleil, du piment à tous les repas... C'est plus des vacances, c'est de la torture ! Tu rêves d'un hamac sous les cocotiers, de longues siestes et de jus de fruits glacés. Bouger de ta plage de carte postale, tu veux bien, à condition que le confort suive. Sinon, comment rechargeras-tu tes batteries ? Revenir plus fatigué(e) que tu n'es parti(e), aucun intérêt...

Max de ♥ prêt(e) pour :
La découverte

L'exotisme, oui... mais pas à n'importe quel prix. Te dépayser en douceur, tel est ton programme ! D'accord pour tester les spécialités locales (sauf si trop épicé), grimper dans un bus (sauf aux heures de pointe), te frotter à d'autres coutumes (sauf les bizarres). Au retour, tu auras fait le plein de photos et d'anecdotes à partager avec les copains(ines). Et c'est eux qui auront alors envie de partir !

Max de ✳ prêt(e) pour :
La grande exploration

Voyager loin pour vivre comme chez toi, à quoi bon ? Si tu souhaitais garder tes petites habitudes et manger la même nourriture, tu resterais tranquille à la maison. Attiré(e) par les nouvelles expériences, tu n'as rien contre un séjour à la dure. Au contraire : plus les conditions sont difficiles, plus l'aventure te semble palpitante.

Exercice 5

Les vacances avec tes parents: Bonheur ou galère

VAS-TU SUPPORTER TES PARENTS CET ÉTÉ (ET VICE VERSA) ?

❶ **Sur la route, ton père met sa chanson préférée à fond :**

✿ Tu te bouches les oreilles face au rétroviseur pour qu'il te voie.

♥ Tu reprends le refrain à tue-tête, suivi(e) de près par ta mère.

✳ Tu sors ton baladeur pour écouter ta propre musique.

❷ **Ta mère te conseille de mettre de la crème solaire, tu lui réponds :**

♥ « OK, si tu m'en passes dans le dos. »

✳ « Plus tard... Là, je vais nager ! »

✿ Par le silence, en levant les yeux au ciel.

❸ **Ton père refuse de t'inscrire au cours de planche à voile :**

♥ Tu demandes à ta mère qui, elle, est d'accord.

✿ Tu te plains tout l'après-midi : « Rester sur la plage, c'est nul ! »

✳ Tu insistes tellement qu'il finit par craquer.

❹ **En général, qui choisit le programme des journées ?**

✿ Tes parents. Toi, tu n'as qu'un choix : les suivre !

✳ Une fois eux, une fois toi. Ainsi, tout le monde est content.

♥ Vous 3 ensemble, selon les envies de chacun.

❺ **Ce soir, tu es invité(e) à une petite fête sur la plage. Côté parents, tu t'attends à...**

♥ Ce qu'ils te souhaitent de bien t'amuser.

✳ Batailler un peu pour qu'ils te laissent y aller.

✿ Un non définitif, auquel tu répondras par une crise de nerfs.

❻ **Au cours des repas, l'ambiance est souvent :**

✿ Aussi infecte que des spaghettis trop cuits. Tu ne parles pas !

♥ Détendue. Chacun met son grain de sel dans la conversation.

✳ Changeante. Une remarque de trop peut la faire tourner au vinaigre.

❼ **Tes parents passent leur temps avec les voisins...**

✿ Génial, tu ne les as plus sur le dos !

✳ Tant mieux. Tu as sympathisé avec tes voisin(e)s de serviette.

♥ Euh... Tu te sens presque abandonné(e), là !

❽ **Ta mère t'appelle « mon petit trésor » devant tes copains (copines) du camping :**

✳ Tu piques un fard. Tu préfères qu'elle s'abstienne en public !

✿ Tu fais semblant de ne pas entendre.

♥ Où est le problème. C'est mignon, non ?

Max de ✿ il y a :

De l'orage en perspective...

Tes parents, leurs remarques, leurs ordres, leurs manies... Le tout t'agace. À croire qu'ils font exprès de te contrarier pour gâcher tes vacances ! Tu as l'impression qu'avec eux, tu ne peux rien faire. Au lieu de toujours t'opposer à eux, fais un petit effort. Tu verras qu'ils peuvent devenir très sympas...

Max de ✳ il y a :

Quelques nuages dans l'air

À choisir, tu passerais les vacances avec tes copains (copines) plutôt qu'avec tes parents. Mais eux ne l'entendent pas de cette oreille... Te voilà donc obligé(e) de négocier pour gagner un peu de liberté. Les attaquer de front ne sert qu'à les énerver, tu le sais. En revanche, argumenter (ou te taire !), ça paie. Même si ta patience est parfois mise à rude épreuve, garde ce cap pour éviter les disputes !

Max de ♥ il y a :

Un ciel bleu dégagé

Partir en famille, un cauchemar ? Absolument pas ! Ces vacances, tu les attends avec impatience. À tes yeux, elles sont le moment privilégié pour vous retrouver. Faut dire aussi que tes parents sont du genre coulants : être collés à toi 24 h sur 24, ils évitent ! Détendus, tout disposés à te chouchouter, ils sont prêts à passer un été de rêve... Que souhaiter de mieux ?

🔊 J'écoute

Exercice 1 · Mon meilleur copain

Ⓣ Four people talk about their best friends.

1.

Name: *Conor*
Address:
Age:
Birthday:
Physical description (two points):
Personality (one point):
Two pastimes:

2.

Name: *Carole*
Address:
Age:
Birthday:
Physical description (two points):

Personality (one point):
Two pastimes:

3.

Name: *Aoife*
Address:
Age:
Birthday:
Physical description (two points):
Personality (one point):
Two pastimes:

4.

Name: *Robert*
Address:
Physical description (two points):
Personality (one point):
Two pastimes:

Exercice 2 · Interview avec deux jeunes

 Two young people are interviewed about themselves.

1. What age is Marie-Christine?
2. When is her birthday?
3. What are her two favourite subjects?
4. What does her mother do?
5. What does her father do?
6. What does Marie-Christine do on a Sunday?
7. Name three things that Marie-Christine likes.
8. Name three things that Marie-Christine hates.

1. What age is Christophe?
2. What is his date of birth?
3. Describe his brother David (two points).
4. What year is Christophe in?
5. Name two subjects that Christophe does not like.
6. Why does he not like these subjects?
7. Name one thing he would like to do when he leaves school.
8. Name three of Christophe's pastimes.

Exercice 3 · Interview avec un chanteur

Track 19

Interview with Daniel Lamont, singer with the group 'Encore'.

	True	False
1. Daniel was born in Spain.	❏	❏
2. He moved to France when he was eight.	❏	❏
3. His sister Natacha is sporty and good-humoured.	❏	❏
4. He lives in an apartment with his parents.	❏	❏
5. When he was younger he loved football and tennis.	❏	❏
6. He became interested in music when he was fourteen.	❏	❏
7. Being successful means he can afford nice clothes.	❏	❏
8. Now that he is successful he doesn't have to work as hard.	❏	❏
9. He is delighted to be playing in Nice because it is a lovely town.	❏	❏
10. The band have sold over ten thousand tickets for their concert.	❏	❏

J'écris

Exercice 1

Write the correct letter in the box.

1. Ma sœur s'appelle Alice
   (a) elle est neuf ans
   (b) il est neuf ans
   (c) il a neuf ans
   (d) elle a neuf ans

2. *The White House* est
   (a) une maison blanche en Angleterre
   (b) une maison bleue aux États-Unis
   (c) une maison blanche aux États-Unis
   (d) une blanche maison aux États-Unis

3. Je vais voir le médecin ☐
    (a) je suis heureux
    (b) je suis malade
    (c) je suis fatigué
    (d) je suis triste

4. J'ai un frère qui s'appelle David ☐
    (a) il est grande
    (b) elle est grande
    (c) elle est grand
    (d) il est grand

5. J'habite avec mes parents ☐
    (a) ils sont sympa
    (b) elles sont sympas
    (c) ils sont sympas
    (d) elle est sympa

6. Je suis sportif ☐
    (a) je joue de la natation
    (b) je fais de la natation
    (c) je joue du natation
    (d) je fais du natation

7. Mon frère adore la musique ☐
    (a) il joue de la guitare
    (b) il joue à la guitare
    (c) il joue du guitare
    (d) elle joue de la guitare

8. Mon copain n'arrête pas de parler ☐
    (a) il est timide
    (b) il est paresseux
    (c) il est bavard
    (d) il est compréhensif

9. À l'école j'étudie ☐
   (a) neuf métiers
   (b) neuf matières
   (c) neuf météo
   (d) neuf matinées

10. J'habite aux Pays-Bas ☐
    (a) je suis anglais
    (b) je suis français
    (c) je suis hollandais
    (d) je suis espagnol

Exercice 2

Look at these photos and pretend you are the person in the photo. Write a short description of yourself. Begin with:

Salut, je m'appelle …

3.

1.

2.

4.

Exercice 3 · Exam practice

Write a letter in French to your French-speaking penpal, Chantal/Charles. Include at least four of the following points:

- Thank him/her for letter
- Say that you are going on holiday soon
- Give some information about your brother or sister
- Mention how you spend your free time
- Talk about a holiday job you have
- Tell him/her about something you bought recently
- Say what time you get up in the morning
- Ask about his/her free time
- Ask about a pet he/she has.

Now Test Yourself

Translate the following sentences into French.

1. She is tall and thin.
2. He has brown hair and blue eyes.
3. I have two sisters and no brothers.
4. The weather is bad.
5. My birthday is the sixteenth of July.
6. I play rugby and tennis.
7. I like geography, French and German.
8. My Dad is an accountant.
9. On Saturday I go out with my friends.
10. I am outgoing and talkative.

Chapitre 12

Au magasin

 **Je lis**

This chapter is all about shopping. It would be a good idea to revise the food vocabulary from Chapter Six before starting this chapter.

> ## Exam Focus
>
> For the Junior Certificate listening comprehension you need to be able to understand conversations that take place when people are shopping.

faire des courses …	*to do the shopping*
faire des achats …	*to make some purchases*
faire des commissions	*to buy groceries*

faire des magasins/boutiques	*to go clothes shopping*
faire du lèche-vitrines	*to go window-shopping*

Les magasins

la boucherie	*the butcher's shop*
la charcuterie	*the pork butcher's*
la pâtisserie	*pastry shop*
la boulangerie	*bakery*

le supermarché	supermarket
le supermarché	supermarket
l'épicerie	grocery
la confiserie	the sweet shop
la bijouterie	the jeweller's shop
la librairie	the bookshop
la pharmacie	the chemist's shop
la quincaillerie	hardware shop
le tabac	the newsagent's
le magasin de chaussures	the shoe shop
le marchand de légumes	greengrocer
le marchand de poissons	fishmonger
l'hypermarché/la grande surface	hypermarket

Les verbes importants

acheter	to buy
vendre	to sell
essayer	to try
vouloir	to want
peser	to weigh
demander	to ask for
coûter	to cost
louer	to rent/hire

Les expressions

Je peux vous aider ?	Can I help you?
Vous désirez ?	What would you like?
Je voudrais 1 kilo de pommes	I would like a kilo of apples
Il me faut	I need
Donnez-moi 200 grammes de fromage s'il vous plaît	Give me 200 grammes of cheese please
Qu'est ce que vous avez comme …?	What kinds of … do you have?
Je vais prendre 8 tranches de jambon	I will take 8 slices of ham
une boîte de petits pois	a tin of peas

une douzaine d'œufs	*a dozen eggs*
un morceau de	*a piece of*
un paquet de chips	*a packet of crisps*
une carte postale et un timbre à soixante-dix centimes	*a postcard and a seventy-cent stamp*
Je voudrais envoyer un colis	*I would like to send a parcel*
Ça coûte combien ?	*How much does that cost?*
Ça fait combien ?	*How much is all that?*
Ça fait seize euros cinquante, s'il vous plaît	*That is €16.50 please.*
un euro soixante-dix le kilo	*€1,70 a kilo*
J'en veux un assortiment	*I'd like a selection*
Il me faut	*I need*
Est ce que vous vendez de la farine ?	*Do you sell flour?*
Ça sera tout ?	*Will that be all?*
Encore quelque chose ?	*Anything else?*
Je n'ai pas assez d'argent	*I don't have enough money*
Voilà votre monnaie	*Here is your change*
C'est trop cher	*It is too expensive*
C'est bon marché	*It is cheap/good value*
C'est pour offrir ?	*Is it for a present?*

Exercice 1

QUEL MAGASIN ?

Which shop would you go into if …

1. You want to buy some cakes
    (a) la pâtisserie ❑
    (b) la boucherie ❑
    (c) la boulangerie ❑
    (d) la bijouterie ❑

2. You want to buy some sugar
    (a) la bibliothèque ❑
    (b) le tabac ❑
    (c) la librairie ❑
    (d) l'épicerie ❑

3. You want to buy some vegetables
    (a) le marchand de poissons ❑
    (b) le magasin de chaussures ❑
    (c) le marchand de légumes ❑
    (d) le lycée ❑

4. You want to buy a cough bottle
    (a) la piscine ❑
    (b) la gare ❑
    (c) la pharmacie ❑
    (d) la confiserie ❑

5. You want to buy some cooked meats
    (a) l'église ❑
    (b) la boucherie ❑
    (c) la charcuterie ❑
    (d) la mairie ❑

Exercice 2

1. Which of these signs means free delivery?
   (a) rayon hommes ❑
   (b) livraison gratuite ❑
   (c) entrée libre ❑
   (d) sortie ❑

2. Which of these signs means reduced prices
   (a) prêt-à-porter ❑
   (b) libre-service ❑
   (c) prix réduits ❑
   (d) syndicat d'initiative ❑

3. Which of these signs tells you that there is a food department?
   (a) passage souterrain ❑
   (b) objets trouvés ❑
   (c) buffet de la gare ❑
   (d) rayon alimentation ❑

4. Which of these signs means dry cleaning?
   (a) consigne ❑
   (b) nettoyage à sec ❑
   (c) billets ❑
   (d) bricolage ❑

5. Which of these signs means cash desk?
   (a) piétons ❑
   (b) caisse ❑
   (c) cave ❑
   (d) essence ❑

Exercice 3

Match up what you would say in each shop with the correct picture.

1. Je cherche du savon et des comprimés, madame. ☐

2. Je voudrais quatre tranches de jambon, s'il vous plaît. ☐

3. Un chou-fleur et un kilo de bananes, s'il vous plaît. ☐

4. Donnez-moi quatre croissants et deux pains au chocolat, s'il vous plaît. ☐

5. Je voudrais un rôti de bœuf, s'il vous plaît. ☐

6. Donnez-moi deux timbres à soixante centimes, s'il vous plaît. ☐

7. Je peux essayer les chaussures noires, madame ? ☐

8. Je cherche un cadeau pour ma femme, une montre peut-être. ☐

Exercice 4

SOLDES

SOLDES D'ÉTÉ À NE PAS MANQUER

OUVERT TOUS LES JOURS SAUF DIMANCHE

1. What is this advertisement telling us about?
2. What time of year is it?
3. When is the shop open?

Exercice 5

How much do the following items cost?

1. la confiture ....
2. les haricots ....
3. la chemise ....
4. le fromage ....
5. le livre..
6. la viande ....
7. le chou-fleur..............................
8. les pâtes....................................
9. les pommes..............................
10. le beurre ....

Exercice 6

LES RECETTES

Curry de poulet au coco

Préparation : 10 minutes • Cuisson : 35 min

Pour 4 personnes

- 800 g de filets de blancs de poulet
- 30 cl d'eau
- 1 bouillon cube
- une boîte d'ananas en morceaux (400 g)
- 1 yaourt
- 1 cuil. à café de curry
- 50 g de noix de coco râpée
- 50 g de raisins secs
- 2 cuil. à soupe d'huile
- sel, poivre

1 Coupe les blancs de poulet en gros cubes. Dans une cocotte, mets l'huile à chauffer et verse les morceaux de viande. Fais-les dorer sur toutes les faces.

2 Verse l'eau dans la cocotte, ajoute le bouillon cube, le curry, l'ananas avec son jus, la noix de coco, les raisins secs. Sale, poivre et mélange. Laisse mijoter à feu doux avec le couvercle.

Avant de servir, ajoute le yaourt et mélange à la sauce.

Accompagnement : du riz basmati.

1. Which of the following is not in the recipe?
   (a) pineapple ❑
   (b) a stock cube ❑
   (c) milk ❑
   (d) water ❑

2. What is the first thing that you should do to the chicken?

3. What should you do before serving?

Coccinelles sur l'herbe

Préparation : 10 min • Réfrigération : 1 h au minimum

Pour 4 personnes

- 4 tomates
- 2 boîtes de thon au naturel
- 100 g de fromage blanc
- 1 cuil. à soupe de mayonnaise
- 1 cuil. à soupe de crème fraîche
- ciboulette
- sel, poivre
- 8 olives noires
- 1 salade frisée

1 Lave les tomates, essuie-les et coupe la partie supérieure. Évide l'intérieur et retourne-les sur un plat pour évacuer le jus.

2 Dans un saladier, émiette le thon après l'avoir égoutté, mélange-le au fromage blanc, à la mayonnaise et à la crème fraîche. Sale et poivre. Cisèle la ciboulette et parsème-la. Remplis chaque tomate de cette préparation.

3 Coupe de minuscules morceaux d'olives noires. Retire leur pulpe. Pose la peau sur le dos des tomates, cela fait ventouse. Ajoute des brins de ciboulette pour les antennes. Dispose sur un lit de salade et mets au réfrigérateur.

1. Which of the following is not in the recipe?
   - (a) flour ❏
   - (b) tuna ❏
   - (c) chives ❏
   - (d) lettuce ❏

2. Name two things you should do with the tomatoes.
3. What animal are you trying to make the tomatoes look like?

Exercice 7

POURSUITE HEUREUSE – TRUE OR FALSE?

Un voleur s'est emparé de la voiture de Martine et Jacques, avec leur petit-fils à l'intérieur, et ils avaient peur de ne jamais plus le revoir ! Heureusement, un jeune couple passait par là !

Dans la file d'attente de la caisse, Martine écoute, amusée, les réflexions de son petit-fils de 3 ans. Elle et son mari Jacques le gardent, aujourd'hui, alors que la maman du petit Damien est de service à l'hôpital. « Celui-là est pour moi ! » déclare Damien à la jeune femme derrière eux, en montrant du doigt un petit jean dans le chariot. « Papy m'a acheté le même que pour lui ! »

Alors que sa mamie s'émerveille du caractère sociable de son petit-fils, le jeune couple observe le petit garçon avec tendresse : « J'aimerais avoir un petit garçon comme lui ! » murmure Carole à Olivier qui, lui, hausse les épaules . . .

Plutôt que de traverser l'immense parking, Martine, qui a mal aux pieds, attend à la sortie du centre commercial, pendant que Jacques va chercher la voiture avec Damien.

Jacques décharge le chariot, installe son petit-fils dans le siège enfant et met déjà le contact quand il s'aperçoit qu'il a oublié de ranger le chariot. Damien le suit du regard quand la porte du conducteur s'ouvre : un inconnu saute dans la voiture. « Tu n'es pas mon papy ! » hurle Damien furieux ! L'homme, étonné de voir le gamin, crie « La ferme ! » et tourne la clef de contact . . .

Jacques vient de récupérer la pièce de 1€ de son chariot quand il voit sa nouvelle Golf passer en trombe ! Son sang se glace. « Arrêtez ! » hurle-t-il, alors que l'inconnu accélère.

Martine qui le voit courir le rejoint. « On a volé la voiture avec Damien dedans ! » crie-t-il. Elle se met à crier à son tour : « Au secours ! »

Carole et Olivier, qui sortent du parking, les reconnaissent : ce sont ces gens qui étaient avec le petit garçon si mignon !

Olivier dirige son 4x4 vers eux : « Alertez la police, on va les suivre ! » Il démarre, accélère et suit la Golf qui s'est arrêtée à un feu rouge. Il se met à côté d'elle et Carole baisse la vitre : « Gardez la voiture, mais laissez l'enfant ! » supplie-t-elle. Mais le voleur accélère et se dirige vers la sortie de la ville !

La voiture s'enfonce dans les arbustes . . .

« Je ne vais pas le laisser filer », murmure Olivier en suivant la Golf sur la départementale. « Tu vois ce qu'il fait, ce fou ? »

La Golf tourne, soudain, à gauche, sans faire attention aux voitures qui viennent d'en face. « Cette ordure va tuer l'enfant ! » hurle Carole, alors qu'Olivier réussit à reprendre la poursuite du voleur.

Pendant ce temps, Jacques est en train d'expliquer ce qui s'est passé aux policiers enfin arrivés.

Alors qu'ils alertent le central, Olivier continue sa folle poursuite. « Ne le suis pas de trop près », dit Carole, « il risque de paniquer, garde-le juste en vue, il va certainement commettre une erreur ! » Un instant plus tard, il en commet effectivement une : il tourne dans une ruelle, sans voir le panneau qui indique une impasse. « Ça y est ! » crie Olivier, et Carole demande : « Laisse-moi sortir, je vais appeler la police ! »

Olivier suit la Golf jusqu'au bout de la ruelle, mais, au lieu de s'arrêter, la voiture s'enfonce dans les arbustes ! « Il est complètement fou ! » hurle Olivier qui accélère à son tour. À cet instant, il voit l'homme sauter de la voiture et disparaître dans le bois.

Olivier se précipite vers la Golf et découvre Damien toujours attaché dans son siège. « Je veux voir mon papy et ma mamie ! » pleure-t-il.

« Tu vas les voir ! » lui promet Olivier qui le prend dans ses bras. Quelques kilomètres plus loin, un policier rassure ses grandsparents : « La jeune femme vient de téléphoner, le gamin est sain et sauf ! »

Et quelques minutes plus tard, un 4x4 arrive, avec Damien à bord. « Mamie », crie le petit garçon, « Papy ne roule jamais aussi vite ! » « Heureusement ! » dit Martine en l'embrassant . . .

True False

1. Damien's mother works as a teacher. ❏ ❏
2. Jacques, Damien's grandfather, had just bought him a new jumper. ❏ ❏
3. Martine, Damien's grandmother, didn't cross the car park because her feet were sore. ❏ ❏
4. Jacques forgot to buy bread in the shopping centre. ❏ ❏
5. A robber jumped into the car without realising Damien was in the back. ❏ ❏
6. Carole and Olivier ran after the car. ❏ ❏
7. The robber was driving very fast and turned into a cul-de-sac. ❏ ❏
8. He jumped out of the car and hurried into a house. ❏ ❏
9. When Carole and Olivier rescued Damien, he was sitting happily in his seat. ❏ ❏
10. They phoned his grandparents to tell them that he was safe. ❏ ❏

J'écoute

Exercice 1 · Quel magasin ?

 Track 20

Three people do their shopping. Fill in the grid.

	Type of shop	Item(s) purchased	Amount paid
1.			
2.			
3.			

Exercice 2 · On achète des cadeaux

Ⓣ Three people shop for presents.

Who is the present for?	What is the occasion?	What do they buy?	Amount paid

Exercice 3 · Faire des courses

 Track 21

Ten people are asking for items in different shops. Fill in the blanks. What shops are they in?

1. Donnez-moi un _____ de poires et quatre _____, s'il vous plaît.
   SHOP _____

2. Je voudrais deux _____ postales et deux _____ à soixante centimes, s'il vous plaît.
   SHOP _____

3. Je voudrais un _____ de lait et du _____, s'il vous plaît.
   SHOP _____

4. Donnez-moi _____ croissants et trois pains au _____, s'il vous plaît.
   SHOP _____

5. Je voudrais un paquet de _____, s'il vous _____.
   SHOP _____

6. _____-moi deux stylos et un _____, s'il vous plaît.
   SHOP _____

7. J'aimerais un _____ contre la toux et du _____, s'il vous plaît.
   SHOP _____

8. Je voudrais un kilo de _____ et un rôti de _____.
   SHOP _____

9. Donnez-moi un _____ et un kilo de pommes de _____, s'il vous plaît.
   SHOP _____

10. Je voudrais de la _____, du sucre et un _____ de biscuits, s'il vous plaît.
    SHOP _____

J'écris

Exercice 1

Write down what you would say if you were asking for the following items. The first one has been done for you.

1. Je voudrais une télécarte à dix euros, s'il vous plaît

Exercice 2

Write the correct form (in the present) of the verb in brackets and translate the sentences into English.

1. Je (être) en vacances au bord de la mer.
2. Je (nager) tous les jours.
3. Je (faire) de la voile.
4. Je (se bronzer) à la plage.
5. Je (s'amuser) bien.

Exercice 3 · Exam practice

You are on a school tour to Paris with your class. Write a postcard to your French penpal Camille. In your card tell her:

• where you are and who you are with
• that you went to a museum yesterday
• that you will visit Fontainebleau on Tuesday.

Now Test Yourself

Translate the following sentences into French.

1. How much does that cost?
2. I would like three apples and a yogurt.
3. That is €12.50, please.
4. I would like two litres of milk, please.
5. Do you sell stamps?
6. I will take some butter and a pot of jam, please.
7. I am going to do the shopping.
8. It's too big.
9. Here is your change.
10. I would like to hire a bike, please.

Chapitre 13
La ville

📖 Je lis

This chapter looks at the buildings you find in town and how to ask for directions in case you get lost. These are important areas for the Junior Certificate, particularly in the listening comprehension.

Où est…?

la piscine	*the swimming pool*
le cinéma	*the cinema*
le parking	*the car park*
le stade	*the stadium*
le théâtre	*the theatre*
un immeuble	*a block of flats*
une usine	*a factory*
la gare	*the station*
la gare routière	*the bus station*
le métro	*the underground*
la banque	*the bank*
le bureau de poste	*the post office*
le château	*the castle*
le centre sportif	*the sports centre*
la bibliothèque	*the library*
le centre commercial	*the shopping centre*
le supermarché	*the supermarket*
l'église	*the church*

Directions

Allez tout droit	*Go straight on*
Tournez à droite	*Turn to the right*
Tournez à gauche	*Turn to the left*
Prenez la première/deuxième/troisième rue	*Take the first/second/third road*
C'est au bout de la rue	*It is at the end of the road*
Traversez le pont	*Cross the bridge*
Descendez la rue	*Go down the road*
Il y a une banque près d'ici ?	*Is there a bank near here?*
Il y a un hôtel dans la ville ?	*Is there a hotel in the town?*
Continuez jusqu'à	*Keep going as far as*
C'est juste après	*It's just after*
Je cherche une pharmacie, s'il vous plaît	*I'm looking for a pharmacy please.*

Excusez-moi, où est-ce que je peux trouver une boîte aux lettres ?	*Excuse me, where can I find a letter box?*
C'est loin/près d'ici	*Is it far from/near to here?*
Au prochain coin	*At the next corner*
aux feux	*at the traffic lights*
Pouvez-vous m'aider ?	*Could you help me?*

Expressions : Au syndicat d'initiative

Vous avez un plan de la ville ?	*Have you a map of the town?*
Vous avez une liste des musées ?	*Have you a list of museums?*
Vous avez un dépliant sur les excursions ?	*Have you a leaflet on outings?*
Vous avez une brochure sur les monuments ?	*Have you a brochure on monuments?*
Vous avez un horaire des autobus ?	*Have you a bus timetable?*

Exercice 1

1. You like visiting old buildings. Which of these signs would interest you?
   - (a) crêpes ❑
   - (b) plage surveillée ❑
   - (c) château historique ❑
   - (d) gare routière ❑

2. You are looking for accommodation. Where will you not find it?
   - (a) auberge de jeunesse ❑
   - (b) hôtel de ville ❑
   - (c) camping ❑
   - (d) gîte rural ❑

3. Which sign tells you that parking is forbidden?
   - (a) parking gratuit ❑
   - (b) stationnement interdit ❑
   - (c) défense de fumer ❑
   - (d) pont à péage ❑

Exercice 2

Read the directions and try to write in the names of the buildings in English in the correct location on the map below.

1. « Pour aller à l'église, s'il vous plaît ?
– Allez tout droit, puis prenez la première rue à droite. L'église est sur la droite. »

2. « Pardon monsieur, où est l'hôpital, s'il vous plaît ?
– Continuez tout droit et l'hôpital est au bout de la rue. C'est un grand bâtiment gris, vous le verrez. »

3. « Pardon madame, je cherche le cinéma ?
– Le cinéma, alors, continuez tout droit et puis prenez la deuxième rue à gauche. Le cinéma est à gauche après la pharmacie. »

4. « Pardon monsieur, il y a une poste près d'ici ?
– Oui, allez tout droit, prenez la première rue à gauche, continuez jusqu'aux feux et puis tournez encore à gauche. Vous trouverez la poste à votre gauche. »

5. « Pardon madame, est-ce que vous pouvez m'aider, je cherche le syndicat d'initiative ?
– Oui, continuez tout droit, prenez la deuxième rue à droite, et le syndicat d'initiative est sur la droite. »

6. « Pardon monsieur, est-ce que la mairie est loin d'ici ?
– Non, c'est à cinq minutes à pied. Vous continuez tout droit, prenez la deuxième rue à droite et la mairie est sur la gauche. C'est facile à trouver, vous verrez le drapeau français. »

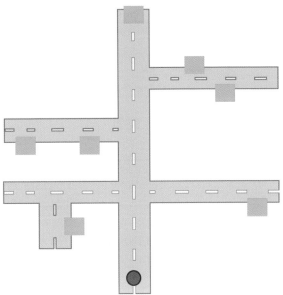

Exercice 3

CARTE MUSÉES–Monuments
Valable 1, 3 ou 5 jours, la carte musées–monuments permet de visiter librement et sans attente 70 musées et monuments de Paris et d'Ile-de-France.

Avantages
– accès libre et prioritaire aux collections permanentes
– nombre de visites illimité
– possibilité d'achat à l'avance

Prix
– carte 1 jour : **10 €**
– carte 3 jours (consécutifs) : **20 €**
– carte 5 jours (consécutifs) : **30 €**

Points de vente à Paris
– musées et monuments participants
– Espace du Tourisme Ile-de-France (Carrousel du Louvre)
– principales stations de métro
– Office de Tourisme de Paris
– magasins FNAC

Attention
La carte n'inclut pas l'accès aux expositions temporaires, ni aux visites-conférences.
La majorité des musées :
– sont gratuits pour les moins de 18 ans
– accordent des tarifs réduits aux jeunes de 18 à 25 ans
– sont généralement fermés le lundi ou le mardi.

Avertissements
Les fermetures et gratuités exceptionnelles (grèves, jours fériés …) qui pourraient intervenir dans les établissements accessibles avec la carte n'entraîneront ni le prolongement de la durée des cartes, ni le remboursement d'une ou plusieurs journées.

Musées : entrée gratuite le premier dimanche de chaque mois.
Monuments : entrée gratuite le premier dimanche de chaque mois du 1er octobre au 31 mai inclus.

TRUE OR FALSE?

		True	False
1.	The museum pass can be purchased in advance	❏	❏
2.	You can buy it at train and bus stations.	❏	❏
3.	Most museums are free for under 18s.	❏	❏
4.	Most museums are closed on Monday and Tuesday.	❏	❏
5.	You can visit monuments free of charge from 1st October to the 31st of May.	❏	❏

Exercice 4

Exam Focus

This is a formal letter. Take a look at how it is laid out. You may be asked to write a formal letter in the exam and marks will be awarded for correct layout, opening and closing.

Mary Roche,
4, William St.,
Freshford,
Co. Kilkenny.
Irlande

Kilkenny, le 13 mai, 2001

Syndicat d'Initiative,
Menton,
France

Cher Monsieur,

Nous avons l'intention de passer deux semaines dans un camping à Menton au mois d'août. Nous sommes deux adultes et deux enfants âgés de 8 et 10 ans.

Pourriez-vous nous envoyer des dépliants sur la région et une liste de campings ? Nous sommes très sportifs et nous voudrions également savoir quelles sont les possibilités de loisirs à Menton.

Veuillez agréer, Monsieur, l'expression de mes sentiments distingués.

Mary Roche

1. When do the Roche family intend going to Menton?
2. How many people are there in the family?
3. Name two things they ask the tourist office to send them.
4. What are they particularly interested in?

Exercice 5

Lorient, le 4 janvier

Chère Aoife,

Merci beaucoup pour ta dernière lettre et le joli cadeau que tu m'as envoyé pour Noël. J'adore l'écharpe et avec le temps qu'il fait ici en ce moment je crois que je vais la porter souvent. J'espère que tu as passé de bonnes vacances et que tu as reçu beaucoup de jolis cadeaux. Nous sommes allés chez ma grand-mère qui habite à Paris, pour une semaine et je me suis très bien amusée. J'ai acheté beaucoup de nouveaux vêtements dans les soldes et je suis sortie le soir avec ma cousine.

Tu m'as dit que tu dois faire un exposé sur la France pour ton cours de géographie. Eh bien, je vais te donner un peu d'information sur la région où j'habite : la Bretagne.

La Bretagne est la région la plus à l'ouest de la France. Elle s'avance dans l'océan Atlantique. Les villes de la côte vivent de la mer et attirent aussi beaucoup de touristes. Aujourd'hui, l'agriculture bretonne est très performante.

Les crêpes et le cidre sont des spécialités de la région très connues. La crêpe se mange sucrée avec du beurre ou de la confiture ou salée avec du fromage râpé, du jambon, des légumes ou des fruits de mer. Il y a beaucoup de fêtes en Bretagne en été. Les pardons sont des fêtes religieuses qui ont lieu en été.

J'espère que tout ça t'aide un peu mais n'hésite pas à me téléphoner si tu as besoin d'autre chose. Dis bonjour à tes parents et ta sœur de ma part. J'attends avec impatience mon séjour chez toi à Pâques.

Amitiés,

Carole

1. What present did Aoife send Carole?
2. What did Carole do when she was in Paris?
3. Why is she sending Aoife information about Brittany?
4. Where is Brittany situated?
5. What might you put in a savoury crêpe?
6. When is Carole coming to visit Aoife?

Exercice 6

Read the following article and answer the questions which follow.

CARNET DE VOYAGE – UN SAFARI EN AFRIQUE

Délia

Âge : 13 ans
Ce que j'aime : la photo, les animaux, le basket, la lecture, le shopping et écouter de la musique.

Ce que je n'aime pas : le racisme, faire du vélo et les prétentieux.

Où ? Je suis partie avec mon père en safari-photo au Kenya. Le pays rêvé pour croiser des animaux en liberté et les photographier. Nous avons loué une énorme 4x4 qui nous a permis de traverser une rivière en crue, et surtout de nous déplacer sur les pistes des parcs naturels du Kenya où j'ai pu observer les animaux en liberté.

Ce que j'ai vu : Nous avons croisé les premiers lions après trois jours de recherche. C'était deux lions mâles adultes qui se faisaient des câlins.

La vie dans la nature : Nous avons dormi sous la tente ou dans des gîtes. De mon lit, j'écoutais les éléphants se baigner. Je me suis douchée avec les singes et j'ai même surpris un bel oiseau qui ramassait mes cheveux pour faire son nid.

Une surprise : Mon père m'a fait une surprise : il avait réservé deux chevaux. Nous avons galopé au milieu des gnous, des girafes et des antilopes. C'était incroyable.

1. Name four things that Délia likes.
2. Name two things she dislikes.
3. Who did she go on holidays with?
4. What did they rent?
5. When did she first see lions?
6. Where did she sleep at night?
7. What was the bird she surprised doing?
8. How did her father surprise her?

🔊 J'écoute

Exercice 1 · Les directions

🎧 **Track 22**

Listen to the directions and find out where they are going on the map. The first one has been done for you.

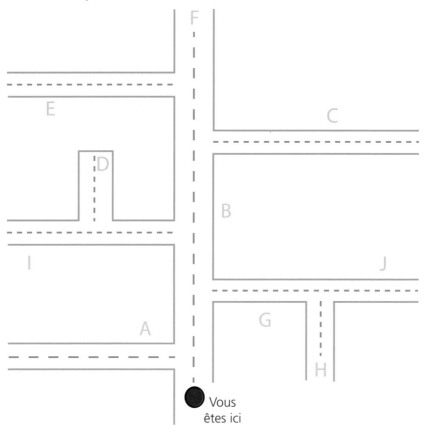

	LETTER	PLACE		LETTER	PLACE
1.	C	THE BAKERY	4.		
2.			5.		
3.			6.		

Exercice 2 · Ma ville

(T) Four people talk about the towns that they are from.

		True	False
TRUE OR FALSE?			
1.	Concarneau is a fishing village.	❏	❏
2.	It has four butcher's shops and two chemists.	❏	❏
3.	The 'Ville Close' dates from the fourth century.	❏	❏
4.	In summer you can do swimming, sailing and diving.	❏	❏
1.	Nice is situated in the east of France.	❏	❏
2.	It was an Italian town until 1870.	❏	❏
3.	Along by the sea there is a five-kilometre walkway.	❏	❏
4.	Every year there is a carnival which lasts two weeks.	❏	❏
5.	Every day there is a flower and vegetable market.	❏	❏
1.	Trets is a village in Provence.	❏	❏
2.	In the main street there is a town hall and a library.	❏	❏
3.	There is a market every Tuesday.	❏	❏
4.	In Trets there are a pool and two tennis courts.	❏	❏
1.	Lille is situated near the German border.	❏	❏
2.	It is an industrial town.	❏	❏
3.	It has over one million inhabitants.	❏	❏
4.	In the old district there are cobbled squares and narrow streets.	❏	❏
5.	Lille has a small sports centre with a pool and some tennis courts.	❏	❏

Exercice 3 · Pour aller â

◎ **Track 23**

Four people ask for directions. Remember to give your answers in the language in which the questions are asked – here, in English.

1.

Where are they going?
Directions given:

2.

Where are they going?
Directions given:

3.

Where are they going?
Directions given:

4.

Where are they going?
Directions given:

 J'écris

Exercice 1

Unjumble these sentences and rewrite them with the words in the correct order.

1. une près Il a piscine y d'ici
2. droit c'est à et Continuez tout gauche
3. le sportif Où centre vous s'il est plaît
4. la Pardon monsieur cherche je routière gare
5. Avez dépliant monuments vous sur un les
6. à pont c'est droite Traversez le et
7. troisième Prenez rue à la gauche
8. ville une y Il a banque dans la
9. juste la après C'est boulangerie
10. droite centre le après Tournez à commercial

Exercice 2

Write directions for how to get from your school to the nearest shop.

Exercice 3 · Exam practice

As part of an exchange programme, your teacher has asked you to write a letter to Martin/Martine so that he/she will know what to expect when he/she comes to Ireland. Tell him/her:

- something about the area where you live
- the kind of music you like
- what you like to do at the weekend
- what food you eat in your house
- what school is like in Ireland
- that you will meet him/her at the airport.

Now Test Yourself

Translate the following sentences into English.

1. Is there a bus station near here?
2. Do you have a map of the town?
3. Take the second road on the left.
4. The pool is on the right.
5. Go straight ahead and it is at the end of the road.
6. I'm looking for the train station please?
7. Do you have a bus timetable?
8. Keep going as far as the bank and turn left at the lights.
9. Where is the library, please?
10. Where can I find a chemist, please?

Chapitre 14

Des affiches et des annonces

 **Je lis**

In the Junior Certificate exam, Section A of the reading comprehension deals with signs and notices that give you information or advise you about something.

> ## Exam Focus
>
> The words below are words that often appear in this section of the exam. Make sure that you know these words well.

Fermé	Closed
Ouvert	Open
Occupé	Engaged
Ne pas toucher	Do not touch
Défense de fumer	No smoking
Défense d'entrer	No admittance
Défense de stationner	No parking
Défense de marcher sur l'herbe	No walking on the grass
Renseignements	Information
Accueil	Reception
Buffet	Dining area
Consigne	Left luggage
Salle d'attente	Waiting room

Guichet	*Ticket desk*
Bureau des objets trouvés	*Lost property*
Sous-sol	*Basement*
Location de voitures	*Car rental*
Rayon alimentation	*Food department*
Essence	*Petrol*
Entrée interdite	*No entry*
Entrée gratuite	*Free entry*
Libre-service	*Self-service*
Tarif réduit	*Reduced fare*
Passage interdit	*No thoroughfare*
Interdit aux chiens	*No dogs*
Chien méchant	*Beware of the dog*
Escalier roulant	*Escalator*
Ascenseur	*Lift*
Accès aux quais	*To the platforms*
Avis	*Notice*
Essuyez-vous les pieds	*Wipe your feet*
Sonnez	*Ring the bell*
Petites annonces	*Small ads*
Places debout seulement	*Standing places only*
Les toilettes Dames	*Ladies' toilets*
Les toilettes Hommes	*Men's toilets*
À louer	*For rent/To let*
À vendre	*For sale*
Entrée	*Way in*
Sortie	*Way out/Exit*
un billet simple	*a one-way ticket*
un billet aller et retour	*a return ticket*
un tariff réduit/une réduction	*a reduced fare*
la douane	*customs*
enregistrement	*check-in counter*
livraison des bagages	*baggage claim*
piétons	*pedestrians*

Exercice 1

1. Which sign tells you that you do not have to pay?
    - (a) entrée interdite ❑
    - (b) entrée gratuite ❑
    - (c) tarif réduit ❑
    - (d) libre-service ❑

2. You wish to rent a car. Which sign would interest you?
    - (a) rayon alimentation ❑
    - (b) vélos à louer ❑
    - (c) location de voitures ❑
    - (d) défense de stationner ❑

3. Which sign tells you not to smoke?
    - (a) fumeurs ❑
    - (b) défense de fumer ❑
    - (c) accueil ❑
    - (d) essuyez-vous les pieds ❑

Exercice 2

a

b

c

d

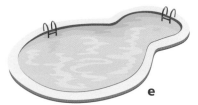
e

f  **g** **h**

Match the following words to the correct picture.

1. essence ☐
2. interdit aux chiens ☐
3. toilettes Dames ☐
4. boulangerie ☐
5. piscine municipale ☐
6. glaces ☐
7. eau potable ☐
8. piétons ☐
9. bureau de change ☐
10. fumeurs ☐

i

j

Match up each number with the correct letter.

1. renseignements ☐   a. exit
2. fermé ☐   b. food department
3. douane ☐   c. laundrette
4. sortie ☐   d. tickets
5. laverie ☐   e. information
6. rayon vêtements ☐   f. lift
7. billets ☐   g. boats for hire
8. ascenseur ☐   h. closed
9. rayon alimentation ☐   i. clothes department
10. bateaux à louer ☐   j. customs

Exercice 3

1. What can you sell in 'Figaro'?
2. What days can you place your ad.?

Vendez votre voiture avec les Petites Annonces du Figaro du mercredi et vendredi

Exercice 4

Abonnez-vous

Recevez le jeudi dans votre boîte aux lettres votre journal et votre supplément de télé.

1. What day will you receive your newspaper?
2. Where will it be?

Exercice 5

1 PERDU le 28 mai, chat roux très clair, yeux bleu vert (10 mois) mâle, nom 'Champagne'. Si trouvé donner nouvelles. Récompense. Tél. 04.93.26.38.21

2 RÉCOMPENSE 1.000€ pour la personne retrouvant la voiture volée : AUDI A6 AVANT TDI, marron gris métal, immatriculée 87-DTKG (NL). Ce véhicule a été volé le 5/06/2012 à 15h à la station ELF de Cavalaire. Si vous avez des informations sérieuses concernant cette voiture appelez le 00.316.50.50.68.45. Tous les appels resteront confidentiels.

3 DISPARU Comps-sur-Artuby femelle labrador sable, 6 mois, tatouée YMN011, propriétaire famille BAIN. Tél. 04.94.76.90.06. Récompense.

4 PERDU le 9 juin, près de la gare, collier de perles. D'une valeur sentimentale. Tél. 04.92.25.26.11. Récompense.

5 PERDU le 2 juin, portefeuille noir en cuir qui contenait une carte de retrait, des photos et une carte d'identité. Tél. 04.56.50.84.06. Récompense.

1. Describe the lost cat.
2. What does the amount €1,000 refer to?
3. Describe the lost dog.
4. (a) What has this person lost?
   (b) Where was this item lost?
5. Describe the wallet this person has lost.

Exercice 6

Quelles précautions prendre avec un enfant vis-à-vis d'un chien

Que le chien soit celui de la famille ou pas, il est capital d'éduquer l'enfant, plus que l'animal ! Et de donner au petit les codes du chien, dans au moins trois cas.

• Quand il rencontre un chien. Il ne doit pas s'en approcher sans l'autorisation du maître. Ce dernier doit présenter l'animal, toujours de côté, pour que l'enfant, éventuellement, lui caresse le dos (jamais de contact avec la tête ou les épaules). Par précaution, interdisez à l'enfant tout geste brusque et tout pleur qui pourraient perturber l'animal.

• Lorsque le chien dort. L'enfant ne doit jamais s'en approcher. Un chien réveillé en sursaut risque soit de se défendre, soit d'attaquer. Morsure quasi assurée dans les deux cas. En précaution : installez le panier-lit du chien loin des zones de passage de la maison, afin de minimiser les risques de réveil.

• Quand le chien mange. Il est dans son univers, avec sa « proie » ... et pas question de « partager » ! Par précaution, vous pouvez habituer le chiot à ne pas réagir si on lui enlève sa gamelle pendant qu'il mange. Un exercice à renouveler toute sa vie. On retire la gamelle, on fait asseoir le chiot, on le félicite d'une caresse et on lui rend ses croquettes... s'il a obéi.

1. What are the three circumstances when a child needs to know how to treat a dog?
2. Where should a child first pat a dog?
3. When should the child never approach the dog?
4. Name one thing a dog who is suddenly woken up might do.
5. Where is a good place to put the dog's bed?

Exercice 7

Chaque mois, découvre toute l'actualité et les petits secrets du Web !

Les liens les plus zen du net

Tu as envie de t'éclater en surfant sur le Net ou d'en savoir plus sur tes idoles ? Star Club te propose quelques sites riches en bons plans, infos, zik et vidéos !

Sériesphile

Grâce à serieslive.com, tu ne rateras plus un seul des épisodes de ta série préférée. De Dexter à Heroes, en passant par Desperate Housewives ou Gossip Girl, le site t'indique toutes les dates et les horaires de leur diffusion à la télé, et de leur sortie au ciné. Chaque semaine, un top des séries est publié, désignant LA série du moment. Y a plus qu'à ! **www.serieslive.com**

C'est toi la star !

Jib Jab te permet de créer des clips en quelques clics. Tu choisis parmi un large choix de vidéos et de thèmes, par exemple le break-dance, tu télécharges ta photo et celle de tes potes, tu fais un petit réglage des proportions et vous voilà transformés en stars du break-dance ! Et tu peux partager cette vidéo avec ton réseau via msn, mail et blogs… Le site est en anglais, mais facile à comprendre. **www.jibjab.com**

Un look de stars

Entre le regard violet de Scarlett Johansson et le bleu lagon de Rihanna… difficile de faire un choix ! Sur glamourparis.com, on te dit tout sur les tendances beauté du moment, les secrets maquillage et coiffure des people et les astuces à leur piquer. Step by step, des experts t'enseignent les bons gestes pour réussir ton trait d'eye-liner. Et on apprend dans les « news beauté » que Nathalie Portman sera l'égérie du nouveau parfum Dior en septembre prochain. En résumé, des paillettes et des strass. **www.glamourparis.com/beaute**

Le green attitude

Surfe sur la cague écolo en te connectant sur le site mtaterre.fr. Retrouves-y toutes les bonnes infos sur la planète : des dossiers malins, par exemple « Et sans le pétrole, on fait quoi ? », des messages-chocs diffusés sur une Web radio et une WebTV, tous les bons réflexes à adopter au bahut et à la maison, et plein de jeux sur le thème du réchauffement climatique. Qui a dit que tu ne te sentais pas concerné(e) par ta planète ? **www.mtaterre.fr**

Des potins comme on les aime !

Sur le site de la chaîne américaine CW TV, tu peux voir et revoir tes épisodes préférés de la série du moment : Gossip Girl ! Une nouvelle

recrue devrait apparaître très
prochainement sur les écrans : la
sulfureuse Katie Cassidy (Melrose

Place). Si c'est pas « gossip » ça !
www.cwtv.com/shows/gossip-girl

Give the website you would log on to if you wanted to:

1. Get some make-up and hair tips
2. Watch a television series online
3. Find out about global warming
4. Put together a funny photo collage.

J'écoute

Exercice 1 · Votre attention, s'il vous plaît

 Track 24

Listen to the following announcements.

TRUE OR FALSE?

		True	False
1.	A little girl was found in front of the library.	❏	❏
2.	She has long blond hair and blue eyes.	❏	❏
3.	She is wearing jeans, a yellow jumper and a blue jacket.	❏	❏
4.	The information office is on the second floor.	❏	❏
1.	The little boy was found at the station.	❏	❏
2.	He has brown hair and blue eyes.	❏	❏
3.	He speaks English and French.	❏	❏
4.	He is wearing a yellow tee-shirt and green togs.	❏	❏
5.	His parents can pick him up at the sailing school.	❏	❏
1.	Marie Dupont is looking for her school group.	❏	❏
2.	They are visiting the museum.	❏	❏
3.	She will meet them at reception on the first floor.	❏	❏

Exercice 2 · Au bureau des objets trouvés

 Track 25

The lost and found office.

1. Where was the handbag found?
2. Name three things that were in it.
3. Where is the lost and found office situated?

1. Describe what this lady has lost.
2. Where did she leave it?
3. What is her phone number?

Exercice 3 · Cinq publicités

 You will now hear five advertisements. What products are they advertising?

	PRODUCT ADVERTISED
1.	
2.	
3.	
4.	
5.	

 J'écris

Exercice 1

Write out your answer to each of these questions about your life. Your answer must be at least one full sentence.

1. Vous avez combien de frères et de sœurs ?
2. Vous avez un animal à la maison ?
3. Vous aidez à la maison ?
4. Vous jouez d'un instrument ?
5. Vous aimez le sport ?
6. Décrivez votre meilleur(e) ami(e).
7. Combien de matières faites-vous à l'école ?
8. Quelle est votre matière préférée ?
9. Qu'est-ce que vous faites le week-end ?
10. Qu'est-ce que vous allez faire pour les grandes vacances ?

Exercice 2

Read the following postcard and rewrite it with all the verbs (underlined) in the past tense.

> Salut Pierre,
>
> Je passe une semaine à Londres avec ma famille. Il fait assez beau. Je visite des musées tous les jours. Le soir nous allons au restaurant. J'aime la nourriture anglaise. Je m'amuse bien.
>
> Amitiés,
>
> Michelle

Exercice 3 · Exam practice

Write a letter in French to your French penpal, Jean-Pierre/Christine. Include at least four of the following points:

- Thank him/her for his/her last letter
- Ask what he/she got for his/her birthday
- Say how much pocket money you get
- Mention something that you bought recently
- Say something about your favourite television programme
- Mention something you do to help out at home
- Say what you are going to do in the summer holidays
- Talk about your favourite subject in school
- Describe what you wear to school/your school uniform.

Now Test Yourself

Translate the following signs into French.

1. No dogs
2. Parking forbidden
3. Free entry
4. Lost property
5. House for rent
6. Way out/exit
7. Car rental
8. Ticket desk
9. Reception
10. A reduced fare

Chapitre 15
La mode et les médias

 ## Je lis

Make sure you learn the following vocabulary as you will need it to understand dialogues in clothes shops and passages about films and movie stars.

Exam Focus

Conversations and comprehensions on fashion and the media appear frequently in the Junior Certificate exam.

La Mode

Les couleurs

blanc	jaune	orange	rose	rouge
vert	brun	noir	gris	bleu

Les vêtements

BOY

une casquette	a cap
un pull	a jumper
une chemise	a shirt
une cravate	a tie
le pantalon	trousers
les baskets	runners
une veste	a jacket

GIRL

le chapeau	hat
la jupe	skirt
le tricot	cardigan
le sac à main	handbag
le collier	necklace
le manteau	coat
les chaussures	shoes
les chaussettes	socks

une casquette

le chapeau

une cravate

une chemise

un pull

le collier

le tricot

le manteau

une veste

le sac à main

le pantalon

la jupe

les chaussettes

les baskets

les chaussures

Les accessoires

une écharpe	a scarf (woolly)
un foulard	a scarf (silk)
les bijoux	jewellery
la montre	watch
la bague	ring

la boucle d'oreille	*earring*
les boucles d'oreilles	*earrings*
le maquillage	*make-up*
les lunettes	*glasses*
le sac à main	*handbag*
les gants	*gloves*

Des expressions utiles

je peux vous aider ?	*can I help you?*
je voudrais un pantalon	*I'm looking for trousers*
je cherche cette robe en 38	*I'm looking for this dress in a 38*
quelle est votre taille/vous faites du combien ?	*what size are you?*
je fais du 38	*I'm a 38*
c'est trop grand/petit	*it's too big/small*
ça va bien	*it's fine*
ça vous va très bien	*it suits you*
je le/la prends	*I'll take it*
c'est trop cher	*it's too dear*
je peux l'essayer ?	*can I try it on?*
je peux regarder ?	*can I look?*
porter un uniforme	*to wear a uniform*
à la mode	*in fashion*
la marque	*a label/brand*
démodé	*out of fashion*
s'habiller	*to get dressed*
je m'habille comme je veux	*I wear what I want*
se maquiller	*to put on make-up*
les vêtements chic	*stylish clothes*
un look décontracté	*a casual look*
la cabine d'essayage	*the fitting room*
mettre	*to put on*
en cuir	*in leather*
en laine	*in wool*
en coton	*in cotton*

Les médias

un film romantique	a romantic film
un film comique	a comedy
un film d'horreur/d'épouvante	a horror film
un film d'aventure	an adventure film
un documentaire	a documentary
les dessins animés	cartoons
les informations	the news
les bandes dessinées	comic strips
le journal télévisé	the news
les feuilletons/les séries	soap operas
les variétés/les programmes musicaux	variety shows
les spots publicitaires	adverts
les émissions sur la nature	nature programmes
les jeux télévisés	television game shows
je suis un(e) fervent(e) de la télévision	I am a fan of TV
texter	to text
le texto	text message
le blogue	blog
imprimer	to print
l'imprimante	printer
la connexion à Internet	Internet connection
surfer sur Internet	to surf the Internet
les jeux vidéos/les jeux électroniques	video games
Où est-ce que je peux utiliser le courrier électronique/le mél ?	Where can I use email?
Où est-ce que je peux utiliser le Net ?	Where can I use the Internet?
Je peux utiliser mon portable ici ?	Is it OK to use my laptop here?
téléchargement de chansons	music downloads
Je paie mes appels sur mon portable	I pay for my mobile calls

Exercice 1

Find the French for the following items of clothing hidden in the square (horizontal, vertical, forwards and backwards).

SHIRT	TROUSERS	DRESS
HAT	SHOES	JUMPER
CARDIGAN	COAT	CAP
SKIRT	TIE	JACKET

P	A	N	C	H	E	M	I	S	E
S	E	R	U	S	S	U	A	H	C
E	T	S	E	V	E	S	R	O	H
T	T	F	R	P	U	L	L	G	A
A	E	N	O	L	A	T	N	A	P
V	U	E	B	R	E	R	P	A	E
A	Q	L	E	L	T	I	E	H	A
R	S	C	B	M	N	C	P	T	U
C	A	T	R	E	A	O	U	R	E
S	C	D	G	L	M	T	J	O	P

Exercice 2

Accessoires à prix malins

What item costs:

1. €350
2. €8
3. €130
4. €1,300
5. €40
6. €1,456 ?

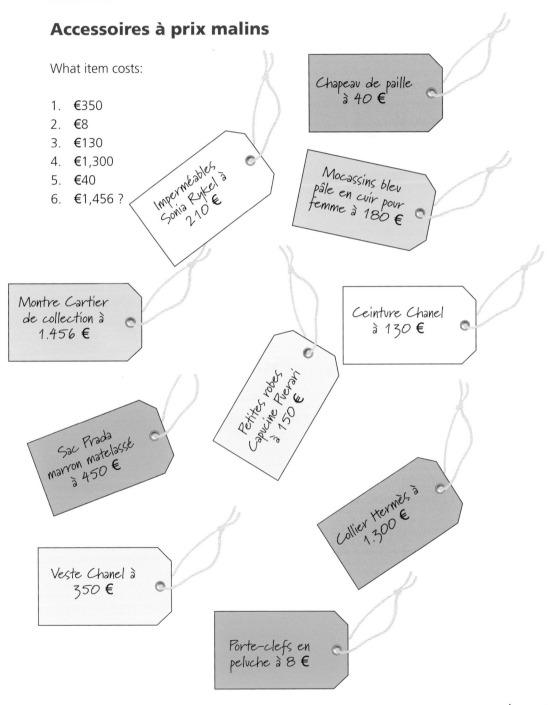

Chapeau de paille à 40 €

Imperméables Sonia Rykel à 210 €

Mocassins bleu pâle en cuir pour femme à 180 €

Montre Cartier de collection à 1.456 €

Ceinture Chanel à 130 €

Petites robes Capucine Puerari à 150 €

Sac Prada marron matelassé à 450 €

Collier Hermès à 1.300 €

Veste Chanel à 350 €

Porte-clefs en peluche à 8 €

Exercice 3

Kate

Je dois porter un uniforme à l'école. Je porte une jupe bleue, un pull bleu et une chemise blanche. On doit aussi porter des chaussettes blanches et des chaussures noires. Je n'aime pas l'uniforme.

Brian

Moi, j'aime le look décontracté. Quand je m'habille, la chose la plus importante, c'est le confort. D'habitude je porte un jean et une chemise dans des couleurs qui me vont. Je porte des baskets.

Vivienne

J'adore les vêtements et je dois toujours être à la mode. Chaque matin, quand je me lève, je me maquille et je m'occupe de ma coiffure. Je dépense tout mon argent de poche sur des vêtements et des accessoires.

Thomas

J'aime le look sport. Je mets un sweat et un pantalon de jogging tous les jours. Mon look est pratique et confortable. Tous mes vêtements sont de la marque de mon équipe de foot, Manchester United. Ma couleur préférée, c'est bien sûr le rouge.

Patrick

Je ne m'intéresse pas à la mode ni aux vêtements. En été, quand il fait chaud, je porte un tee-shirt et un short, et en hiver, quand il fait plus froid, je porte un jean et un sweat.

Write the name of the person who:

(a) Wears a blue skirt
(b) Likes the colour red
(c) Has to wear make-up
(d) Wants to be comfortable
(e) Spends all their money on clothes
(f) Isn't interested in fashion
(g) Wears runners.

Exercice 4

Write two sentences in English that sum up each of the following problems:

Il nous gâche les repas avec son portable

« Je ne supporte plus qu'il vienne à table avec son portable. À ma demande, il a coupé la sonnerie, mais laissé le mode vibreur. Il reçoit des SMS en rafales et, même s'il ne répond pas, il le sort de sa poche toutes les cinq minutes pour regarder. Le ton monte et le repas qui devrait être un moment d'échange tourne au pugilat. »

Ils disent que je les stresse

« Quand je rentre le soir après une journée de travail, rien n'a été fait à la maison. Ils m'attendent pour préparer le repas. Le temps de ranger, de leur demander de mettre la table, d'écouter leurs histoires, je suis au bord de l'effondrement. Alors, à la moindre parole de travers, j'explose ! »

Il n'a pas de bons résultats en classe

« Les résultats de mon fils qui est en troisième sont catastrophiques. Cependant il n'a pas l'air de s'en préoccuper. C'est une source de tension permanente à la maison. »

Je suis obligée de répéter cent fois la même chose.

J'ai souvent l'impression que personne n'écoute quand je parle. Je passe ma vie à dire : « Range ta chambre », « Ne laisse pas traîner tes affaires », « Éponge l'eau dans la salle de bains après ta douche », « Relève la lunette des toilettes et remets-la en place après ».

Exercice 5

TF1 – MARDI 13 JUIN		13.55	Les Feux d'Amour
6.40	TF1 INFO		Feuilleton américain
6.45	Météo et à 8.25, 9.15, 10.15, 13.50	14.45	Les Vacances d'Amour
6.50	TF Jeunesse – Salut les Toons		Série française
	Dessins animés	15.45	Sylvia
9.20	Chapeau melon et bottes de cuir		Sylvia découvre que son voisin est
	Série britannique		malade.
10.20	Alerte Cobra	16.45	La Loi est la Loi
	Feuilleton allemand		Mc Cabe et Styles sont chargés
11.15	Dallas		d'enquêter sur une série de meurtres
	Série americaine		mystérieux.
12.05	Tac O Tac TV	17.45	FOOTBALL EURO 2000
12.50	À Vrai Dire – Les Voitures		Group C Espagne–Norvège
13.00	LE JOURNAL	19.55	Hyper Net
		20.00	JOURNAL

20.50 Disparue dans la nuit
TÉLÉFILM AMÉRICAIN
DE BILL L. NORTON (1996)
Rediffusion
Durée: 3 h 00
Cindy – **Shannen Doherty**
David – **Kevin Dillon**
John Waters – **Edward Asner**
Rob – **Billy Burke**
Debbie – **Jeanne Averill**
*Dixie Carter, Shannen
Doherty et Kevin Dillon*

PREMIÈRE ET SECONDE PARTIES

Le sujet. Alors que ses parents dorment dans la chambre voisine, une fillette de 7 ans est kidnappée en pleine nuit. La police mène une enquête longue et difficile.

Si vous avez manqué le début. Au petit matin, lorsque Cindy et David se réveillent, ils s'aperçoivent que leur fille, Jacqueline, 7 ans, a disparu. C'est la panique. La porte de la maison est grande ouverte et une fenêtre de la cave a été brisée. La police songe d'abord à une fugue ou à un problème familial. Cindy suggère alors d'interroger Peter, son ex-mari, et le frère de celui-ci, Rob, atteint de troubles mentaux. Mais le premier purge une peine de prison en Floride et le second dispose d'un solide alibi. L'affaire fait la une des journaux. Bientôt, David accepte de se soumettre au détecteur de mensonges . . .

23.00	Y'a pas photo
	Invitées Eveline Dhéliat et Catherine Laborde

1. What type of programme is on at 6.50 a.m.?
2. What is *Alerte Cobra*?
3. What is the topic for discussion in *À Vrai Dire*?
4. What time can you see a French series?
5. In today's episode of *Sylvia* what does she discover?
6. What must McCabe and Styles do in *La Loi est la Loi*?
7. What countries are playing tonight at 17.45?
8. What time is the evening news on at?
9. In tonight's film where were the parents when their daughter was kidnapped?
10. What signs are there that someone broke into the house?

Exercice 6

Es-tu terre ou eau ?
Une île est une terre entourée d'eau. Et toi, de quel côté penches-tu ? Vers la terre ou vers l'eau ?

1. On te propose de faire une croisière...
▲ Non merci ! Tu as le mal de mer !
■ D'accord pour une semaine, mais pas plus !
● Génial !

2. Tu fais du bateau et tu chavires...
▲ Tu as peur de te noyer.
● Tu es mort de rire
■ Tu remontes vite dans le bateau

3. Si tu n'avais le droit de partir qu'une semaine de vacances par an, tu irais...
▲ Une semaine au ski
● Une semaine à la mer
■ Tu changerais de lieu, chaque année

4. Tu restes trois jours sur une île déserte...
● Tu en profites pour te baigner et pêcher
▲ Tu construis vite une cabane
■ Tu prends de jolies photos

5. Ton signe astral...
● Cancer, Scorpion, Poissons, Verseau.
■ Bélier, Lion, Sagittaire, Gémeaux.
▲ Taureau, Vierge, Capricorne, Balance.

6. Tu aimerais faire un stage de...
■ Patinage artistique
● Plongée sous-marine
▲ Football.

7. Tu as décidé de prendre un bain de mer...
● Tu cours et tu plonges.
▲ Tu regardes d'abord la couleur du drapeau.
■ Tu trempes ton orteil pour voir si l'eau est bonne.

8. Ton animal totem...
■ L'aigle
▲ La panthère
● Le requin

SOLUTION

Tu as une majorité de ▲
Tu es terre. Prudent, tu n'aimes pas trop aller dans des endroits inconnus. Tu ne passes pas ton temps à rêver et tu aimes bien tout ce qui est concret. On dit de toi que tu as les pieds sur terre. Quand on change tes habitudes, tu te sens un peu perdu. Pour être heureux, tu as besoin d'avoir un bon équilibre affectif... et un peu d'argent de poche. Quand tu veux quelque chose, tu prends ton temps, mais vas jusqu'au bout des choses.

Tu as une majorité de ●
Tu es eau. Tu adores la mer. Plate ou avec de grosses vagues, peu importe !

Quand tu es dedans, tu te sens dans ton élément. Tu es très communicatif et tu sais faire ce qu'il faut pour que les conflits ne dégénèrent pas. Tu te montres féroce si on te marche sur les pieds mais tu peux te réfugier dans ton trou comme un bernard-l'ermite si tu sens que la situation est périlleuse. Bref, tu t'adaptes facilement à toutes les situations, et tu évites ainsi les galères.

Tu as une majorité de ■
Le monde est fait d'eau et de terre... comme toi. Tu es à la fois terre et eau. Tu n'as pas peur de te jeter à l'eau, mais tu vérifies d'abord la température. Tu n'es pas fou. Si elle est glacée, tu n'y vas pas. Tu es réfléchi, et tu as plutôt les pieds sur terre, mais il t'arrive parfois de te laisser porter par tes rêves. Tu es un enfant plutôt équilibré, qui sait ce qu'il veut, et qui profite de la vie et des plaisirs de la terre et de l'eau.

 **J'écoute**

Exercice 1 · La mode et les médias

 Anne and Miriam discuss their plans for the weekend.

1. Where are Anne and Miriam going on Saturday?
2. What is Anne's problem?
3. Describe what Miriam is going to wear.
4. Give one reason why Anne does not want to wear her black skirt.
5. What does she finally decide to wear?
6. What does Miriam want to do on Saturday morning?
7. Where do they decide to meet on Saturday?

Exercice 2 · Les informations

 Track 26

Two news announcements.

TRUE OR FALSE?

	True	False
1. The girl disappeared yesterday at around seven.	❏	❏
2. She had gone out to buy milk for her mother.	❏	❏
3. She was wearing a green skirt, a white blouse and a blue jacket.	❏	❏
4. She had long blond hair and blue eyes.	❏	❏
5. The telephone number of the station is 34 45 32 67.	❏	❏
1. The hold-up happened yesterday morning.	❏	❏
2. Two armed men got away with €400,000.	❏	❏
3. The first man was quite tall with short brown hair.	❏	❏
4. He was wearing jeans and a black shirt.	❏	❏
5. The second man was 1.60 m.	❏	❏
6. He was wearing a check shirt and black trousers.	❏	❏

Exercice 3 · Jeanne fait les courses

Jeanne discusses her day in town with her mother.

1. Name two things Jeanne did in town.
2. What did she buy in town?
3. How much did it cost?
4. When does she plan on wearing it?

Exercice 4 · Trois personnes se présentent

Track 27

Three people talk about themselves.

Name: Claudine
Birthday:
No. of brothers and sisters:
Two favourite sports:
Favourite television programmes:
When does she go to the cinema:

Name: Michel
Languages spoken:
No. of brothers and sisters:
Subject he dislikes:
Future career:
Favourite type of films:

| Name: Marc |
| Age: |
| Ages of his daughters: |
| Profession: |
| Favourite pastimes (two): |
| Favourite TV programmes: |

J'écris

Exercice 1

Look at these six pictures and describe what the person in each picture is wearing.

1.

2.

3.

4.

5.

6.

Exercice 2

Complete the following sentences.

1. À l'école je porte …
2. D'habitude le week-end je mets …
3. À la télévision j'aime regarder …

Exercice 3 · Exam practice

Your French penfriend Philippe has sent you a present for your birthday. In your letter of reply:

- thank him for the present
- say how you spent your birthday
- tell him about the new clothes you bought for your birthday
- tell him about your plans for the summer
- ask him what his plans for the summer are
- send your regards to his family.

Now Test Yourself

Translate the following sentences into French.

1. I like documentaries and the news.

2. What size are you?

3. Can I try it on?

4. I like to watch cartoons.

5. I would like to buy a leather jacket.

6. I'm looking for a cotton shirt.

7. It's too small.

8. Where can I use the Internet?

9. I like to download music.

10. I'm looking for this jumper in blue.

Chapitre 16

Les messages

 ## Je lis

Expressions au téléphone

Je peux parler à Anne, s'il vous plaît ?	*Can I speak to Anne, please?*
Je suis désolé, mais Anne n'est pas là en ce moment	*I am sorry but Anne is not here at the moment*
Qui est à l'appareil ?	*Who is speaking?*
C'est Marie	*It's Marie*
Je peux prendre un message ?	*Can I take a message?*
Un instant, je te le/la passe	*One moment, I'll put you through to him/her*
C'est occupé	*It is engaged*
Je suis bien chez Monsieur Harmant ?	*Is this Mr Harmant's?*
Vous n'avez pas le bon numéro	*You have the wrong number*
Voulez-vous laisser un message ?	*Would you like to leave a message?*
Je te donne le numéro de mon téléphone portable	*I will give you my mobile number*
Un instant, s'il vous plaît	*One moment please*

Il/elle sera de retour dans une heure	He/she will be back in an hour
Voulez-vous rappeler plus tard ?	Would you like to phone back later?
Je rappellerai dans une heure	I will phone back in an hour

Les petits mots

Je te laisse ce petit mot	I'm leaving you this note
Je t'envoie ce message par fax/mél	I'm sending you this message by fax/email
Je m'excuse de ne pas pouvoir te rencontrer	I'm sorry I'm not able to meet you
Tu veux venir avec nous ?	Do you want to come with us?
Ça te dit de nous accompagner ?	How about coming with us?
Appelle-moi sur mon téléphone portable	Ring me on my mobile
Nous nous rencontrerons à trois heures	We are meeting up at three o'clock
Je serai de retour avant minuit	I will be back by midnight
J'espère être de retour la semaine prochaine	I hope to be back next week
Je te passe un coup de fil ce soir	I will ring you this evening
Je promets de te contacter bientôt	I promise to contact you soon
La télévision est en panne	The television is broken
Le lave-vaisselle ne marche pas	The dishwasher is not working
Je ne sais pas quoi faire	I don't know what to do
J'ai besoin de vos conseils	I need your advice
Il y a une boum chez Paul	There is a party in Paul's house
Ma mère est malade	My mother is sick
Monsieur Harmant veut que tu lui téléphones	Mr Harmant wants you to phone him
Je suis désolé	I am sorry
Je vais me coucher tôt	I'm going to bed early
Je serai en retard	I will be late
Je veux emprunter	I want to borrow
Peux-tu me prêter… ?	Could you lend me…?
Le courrier du cœur	The problem page
Ce n'est pas juste	It's not fair

Envoie-moi un courriel	*Send me an email*
À plus tard	*See you later*
À la prochaine fois	*Until the next time*
Amitiés	*Best wishes*

Exercice 1

Match the words to the pictures:

1. Lavage Voitures 7 € ☐
2. Rond-Point à 200 m ☐
3. Quais 1–10 ☐
4. Gare Routière ☐
5. Consigne Automatique ☐
6. Confiserie ☐
7. Fraises 2 € ☐
8. Route glissante ☐
9. Église ☐
10. Chauffage électrique ☐

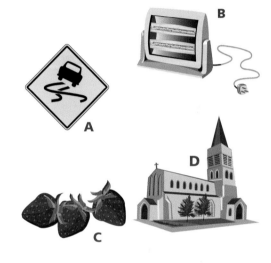

A

B

C

D

E

F

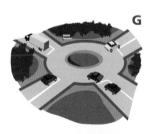

G

H

I

J

Exercice 2

Match the numbers to the letters.

1.	chariots	☐	a. vegetables
2.	légumes	☐	b. furniture
3.	timbres	☐	c. reception
4.	accueil	☐	d. stamps
5.	meubles	☐	e. waiting room
6.	sortie de secours	☐	f. shopping trolleys
7.	gendarmerie	☐	g. gifts
8.	salle d'attente	☐	h. DIY
9.	bricolage	☐	i. emergency exit
10.	cadeaux	☐	j. police station

Exercice 3

Read the following messages and answer the questions which follow.

> Françoise,
>
> Marie vient de téléphoner. Elle va en ville cet après-midi pour acheter une nouvelle robe. Veux-tu l'accompagner ? Téléphone-lui au 56.77.21.34
>
> Maman

1. Where is Marie going and when?
2. Why is she going there?

Marie,

Julie est passée par ici pendant que tu étais à la bibliothèque. Elle a emprunté ton livre de chimie pour faire ses devoirs. Elle te rendra le livre demain matin à l'école.

Maman

1. Where was Marie when Julie called?
2. Why did Julie call?

Pierre,

Je suis désolé mais je ne peux pas venir chez toi demain comme prévu. Mon grand-père est malade et mon frère et moi allons lui rendre visite demain. Si tu veux, tu pourras venir chez moi ce soir et on peut écouter des disques.

À bientôt,

David.

1. Why can David not go to Pierre's tomorrow?
2. What does he suggest instead?

Alain,

Je suis passé chez toi à 15h mais tu étais sorti. Je te laisse ce petit mot pour te dire que je vais aller au stade ce soir avec Thomas, mon correspondant irlandais. Nous allons voir le match Marseille-Monaco. Tu veux nous accompagner ? Nous nous rencontrerons à six heures devant la mairie.

À tout à l'heure,

Benoît.

1. Where is Benoît going and with whom?
2. Where and when will they meet up?

Madame,

Pendant que je gardais les enfants, votre mari a téléphoné à 19h. Il a dit qu'il sera en retard ce soir parce qu'il a un pneu crevé. Il va vous téléphoner à 20h.

Pauline

1. What was Pauline doing when the lady's husband rang?
2. Why will he be late this evening?

Maman,

Je te laisse ce petit mot pour te dire que le plombier a téléphoné. Il viendra demain vers 11h pour réparer la machine à laver. Je vais me coucher maintenant.

À demain,

Nicolas

1. Who telephoned?
2. Where is Nicolas going now?

Exercice 4

OCCELLI

MUSICIENS
46m², bel immeuble Arts Déco, calme, traversant, ensoleillé.
04.97.03.83.83

NICE
Superbe résidence, grand standing, 95m², étage, parking, terrasse.
04.92.00.78.78

VILLEFRANCHE SUR MER
Dans un havre de paix et de verdure, individuelle 150m², terrain 3800m².
04.97.03.83.83

CIMIEZ
3 pièces, 97m², étage, terrasse, parfait état, Sud, séjour double, garage.
04.92.00.78.78

CHAMBRUN
Adorable 3 pièces, dernier étage, ascenseur, terrasse panoramique, parking en sous-sol.
04.92.00.78.78

BELLET
Superbe villa 5/6 pièces, vue mer panoramique, 2 niveaux, frais réduits, piscine, terrain 2500m².
04.97.03.83.83

What number would you ring if you wanted a property?

(a) that has a lift

(b) that gets the sun

(c) that has a view of the sea

(d) that has underground parking

(e) that is in peaceful surroundings

(f) that is in perfect condition

Exercice 5

Faites le bon numéro
Sur mesure

7 JOURS SUR 7

FORD CONCESSIONNAIRE

C'est à **PORT FREJUS OUEST**
S.A. VAGNEUR
449, boulevard de la Mer
Tél. 04.94.51.81.31

STTC
LOCATION CONTENEURS
DECHETS – GRAVATS
• LOCATION W.-C. CHIMIQUES
  AUTONOMES
• ASSAINISSEMENT: curage,
  débouchage, vidange fosse septique

INSPECTION VIDEO – INTERVENTION
24h/24 –7j/7
Carrière des Grands Caous –
04.94.83.84.21 – Fax 04.94.83.84.30

ALLÔ DÉPANNAGE

SATAC RENAULT ASSISTANCE
24h/24 – 365j/an.
80% des dépannages sur place + GPL
Agrément assurances
**FRÉJUS – Tél. 0800.05.15.15 ou
04.94.44.55.59**

ÇA DÉMÉNAGE

Tout en Carlton

TOUT pour L'EMBALLAGE
Vente et location aux particuliers
FRÉJUS – Tél. 04.94.51.48.94

ACCORDEM

*Déménagements – Garde-meubles en
conteneurs*
Fréjus Puget-sur-Argens
Tél. 04.94.51.09.25
Tél. 04.94.45.26.44

PROPRE ET NET

CLEAN SALON ART
*Recoloration salons cuir – Nettoyage
Tissu et Tapis*
**DEVIS GRATUIT – ROQUEBRUNE-SUR-
ARGENS – TEL. 04.94.40.08.25**

ALPHA SOLS
Terre cuite – Plage piscine – Ponçage
marbre – Moquette – Rénovation
Fréjus **04.94.52.21.82 – 06.03.83.09.09**

QUI LOUE QUOI?

VOUS VOULEZ LOUER UN VEHICLE
Informations & Réservations
Avenue André Léotard
83600 FREJUS
– Tél. 04.94.40.27.89 –
Fax 04.94.40.27.70

HUGON LOCATION

LOCATION DE MATERIEL
1000 outils et machines
Professionnels et particuliers
Saint-Raphaël 04.94.40.51.51

VOG Coiffure
FÉMININ – MASCULIN
Du lundi au samedi, 9 heures-19 heures
Fréjus – Tél. 04.94.53.32.45

À DOMICILE

MIROITERIE du GOLFE – BERTRAND
Pose à domicile – Remplacement de
casse – Tous travaux de miroiterie,
vitrerie, Alu, PVC, film solaire,
double vitrage – Devis gratuit –
Encadrements Beaux-Arts
53, av. Gal-Leclerc –
ST-RAPHAEL – 04.94.95.08.29 –
04.94.52.39.30

QUOI DE NEUF?

FADIS PEINTURE Tél. 04.94.50.60.44
ÉTANCHÉITÉ – RAVALEMENT DE FAÇADES
– SOLS – PEINTURES INTÉRIEURES –
DÉCORATION
Particuliers – Administrations –
Sociétés et hôtels DEVIS GRATUITS

RENOVbAIN *25 ans d'expérience –*

15 AGENCES RÉNOVATION
SANITAIRE SANS DÉMONTAGE
RÉPARATION A CHAUD D'ÉCLATS
D'ÉMAIL

Déplacement Var et Alpes-Maritimes
La Garde – Tél. **04.94.75.44.98**
Fax **04.94.75.24.24**

CÔTÉ COUR – CÔTÉ JARDIN

Sébastien CRISCI
TERRASSEMENT
Parcs et jardins
Fréjus –
Tél/Fax 04.94.40.81.69
Port. 06.10.25.36.01

What number would you ring if you wanted?

- (a) to rent a car
- (b) to move house
- (c) to get your hair cut
- (d) to paint your house
- (e) to install a pool
- (f) to do your garden

Exercice 6

QUE **FAIRE**

Les enfants posent souvent des petits problèmes auxquels on ne sait pas toujours comment répondre.

. . . Mon fils de 4 ans a peur du noir

La peur du noir est une experience effrayante pour un petit enfant. Il ne faut donc pas la prendre pour un caprice, un manque de courage ou de caractère, et la traiter à la légère. L'obscurité est source d'angoisse. On s'y sent sans défense ni protection. Même les adultes ont parfois peur du noir . . .

. . . Mon fils de 7 ans ne veut pas aller en colonie de vacances

Qu'est-ce qu'on va en faire pendant tout l'été ?

À part les séjours chez les grands-parents, les colonies de vacances viennent à la rescousse des parents qui travaillent. Problème : les enfants ne sont pas toujours enthousiastes.

. . . Ma fille de 14 ans veut sortir le soir

Passée la première réaction de surprise, analysez froidement la situation. Votre décision ne doit dépendre ni de votre bonne ou mauvaise humeur, ni de votre désir de passer pour une mère 'sympa' ou, au contraire, sévère, mais de la maturité de votre fille et de la confiance que vous lui faites.

. . . Mes enfants (5 et 9 ans) passent leur temps à se chamailler

Vous rêviez d'une famille harmonieuse et peut-être même avez-vous décidé d'avoir des enfants rapprochés pour qu'ils jouent ensemble.

Seulement voilà : pas un jour où ils ne se disputent. À la longue, c'est usant !

What are the four problems talked about here?

1.	
2.	
3.	
4.	

J'écoute

Exercice 1 · Au téléphone

 Track 28

Five people make a phone call. Why are they phoning?

| A – with an invitation |
| B – with an apology |
| C – to ask a favour |

Conversation One ☐

Conversation Two ☐

Conversation Three ☐

Conversation Four ☐

Conversation Five ☐

Exercice 2 · Les coups de téléphone

ⓣ Five telephone conversations.

1. (a) When does Mme Boucher need a babysitter?
   (b) Where are they going?
   (c) Why can Jeanne not babysit?
   (d) Who does she say will do it instead?

2. (a) Where is Mme Harmant telephoning?
   (b) What message does she leave?

3. (a) When did Mme Garnier put petrol in the car?
   (b) Where has she broken down?
   (c) What type of car is it?
   (d) When will the garage come to help her?

4. (a) What has this lady lost?
   (b) Where does she think she lost it?
   (c) Describe the object (3 points).
   (d) What is the lady's telephone number?

5. (a) What did this lady buy?
   (b) When did she buy it?
   (c) What is the problem with the item?

Exercice 3 · Les petits messages

 Track 29

Listen to the following messages being read out and answer the following questions.

1. (a) When did Frank call?
   (b) Where is he inviting David?
   (c) Where and at what time will they meet?

2. (a) Where was Marie supposed to be going?
   (b) Why is she unable to go?

3. (a) When did Marc call?
   (b) What does he ask Philippe?

4. (a) When is the party at Anne's?
   (b) What are they celebrating?
   (c) What does Anne also ask Michelle?
   (d) What is Anne's telephone number?

J'écris

Exercice 1

Translate the following two emails into French.

> Paul
> I'm sending you this email because I cannot meet you tomorrow. Unfortunately I have to work. How about going to the pool on Friday? Email me to let me know.
> David

> Marie
> Would you be able to lend me your sleeping bag? I'm going camping at the weekend with my sister and I can't find mine. I'll see you tomorrow at the gym.
> Amélie

Exercice 2

Fill in the blanks in the following note.

> _____ Claude,
>
> Je te laisse ce petit _____ pour te dire que je suis _____ rendre visite à _____ grand-père. C'est son anniversaire et il y a une soirée chez lui ce soir. Je _____ de retour demain soir. Je _____ aller au cinéma vendredi _____. Le film commence à huit _____. Ça te dit de _____ avec moi?
>
> _____,
>
> Anne

Exercice 3 · Exam practice

You are staying with a French family. You are on your own in the house when a friend rings to invite you out. You leave a note in French and in it you explain that:

- your friend telephoned
- you have gone to the cinema
- you have your mobile phone with you
- you will be back for dinner.

Now Test Yourself

Translate the following sentences into French.

1. I'm leaving you this note.
2. Do you want to come with us?
3. I will be late.
4. I will be back at eight o'clock.
5. Marie wants you to phone her.
6. Can I take a message?
7. I will phone back tomorrow.
8. I want to borrow some CDs.
9. The washing machine is broken.
10. I'm sorry I can't meet you.

Chapitre 17

Des réservations

 **Je lis**

Le vocabulaire

> ## Exam Focus
>
> Restaurants and hotels are the focus of this chapter. This vocabulary is very important for your Junior Certificate exam but will also be useful if you go on holidays to France. You should now revise the vocabulary from Chapter 6 on food so that you can order a meal in a restaurant.

Des questions

Avez vous des lits pour ce soir ?	Do you have a room for tonight?
Avez vous une chambre pour deux personnes ?	Do you have a room for two people?
C'est combien la nuit ?	How much is one night's stay?
Est-ce que le petit déjeuner est compris ?	Is breakfast included?
C'est pour combien de nuits ?	For how many nights?
Vous êtes combien ?	How many people?
Où sont les toilettes ?	Where are the toilets?
Où est-ce que je peux téléphoner ?	Where can I make a phone call?
Vous avez choisi ?	Have you made a choice?
C'est quoi le plat du jour ?	What is the dish of the day?
Vous êtes prêts à commander ?	Are you ready to order?
Vous avez une table de libre ?	Do you have a table?
Qu'est-ce que vous prenez ?	What would you like to have?

Qu'est-ce que vous voulez pour commencer ?	*What would you like to start?*
Vous avez reservé	*Have you made a reservation?*
Vous avez terminé ?	*Have you finished?*
Est-ce qu'il y a un ascenseur ?	*Is there a lift?*
Est-ce que je peux payer avec une carte de crédit ?	*Can I pay with a credit card?*
Je voudrais réserver/retenir deux chambres	*I would like to book two rooms*
Nous sommes cinq, deux adultes et trois enfants	*There are five of us, two adults and three children*
Nous avons une réservation	*We have a reservation*

Des expressions

remplir une fiche	*to fill in a form*
une chambre d'hôtel	*hotel room*
louer/réserver une chambre	*to book a room*
une chambre avec douche	*a room with a shower*
une chambre avec salle de bains	*a room with a bathroom*
une chambre à deux lits	*a twin room/room with two beds*
une chambre avec pension	*a room and board*
une chambre avec vue sur la mer	*a room with a sea view*
un grand lit	*a double bed*
faire les valises	*to pack your bags*
service compris	*service included*
au premier étage	*on the first floor*
une boîte de nuit	*a nightclub*
boire du vin	*to drink wine*
boire de l'eau	*to drink water*
l'addition s'il vous plaît	*the bill please*
défense de fumer	*smoking forbidden*
bon appétit	*enjoy your meal*
l'hôtel est complet	*the hotel is full*
voilà votre clé	*here is your key*
je vais prendre/je voudrais	*I will have/would like*

Les menus

la carte	*the menu*
les entrées	*the starters/first course*
le potage/la soupe	*soup*
le plat principal	*the main course*
le plat du jour	*the dish of the day/today's special*

Exercice 1

Match up the numbers to the letters.

1. Bon appétit
2. Le plat principal
3. Service compris
4. Toilettes Hommes
5. Eau potable
6. Salle des professeurs
7. Guichet
8. Plats à emporter
9. Poissonnerie
10. Sortie de secours

a. take-away meals
b. staff room
c. emergency exit
d. main course
e. enjoy your meal
f. fish shop
g. service included
h. drinking water
i. men's toilets
j. ticket desk

Exercice 2

ATTENTION

LA PORTE D'ENTRÉE EST FERMÉE DE 1H À 6H. SI VOUS PENSEZ RENTRER TARD, N'HÉSITEZ PAS À DEMANDER UNE CLÉ DE LA PORTE À LA RÉCEPTION.

What is this sign warning you about?

Exercice 3

Les Bonnes Tables

Chez Jenny
Bouillabaisse, grillades au feu de bois. Terrasse ombragée. Mariages, banquets. Fermé mardi soir et mercredi. Bd du Temple.
Tél. 04.94.54.39.00

L'Aristocloche
Délicieux petit restaurant aux saveurs de la Provence. Pain maison, confitures, vin de lavande, etc. Fermé le lundi. Place Lamartine
Tél. 04.94.95.28.36

Le Voltaire
La famille Picot préside aux destinées de cette maison depuis trois générations. Dîner dansant tous les samedis soirs 30 €. Dansez le jeudi et le vendredi soir gratuitement. Salle climatisée. Quai Voltaire.
Tél. 04.94.34.92.87

La Lorraine
Rouverte cet été, la brasserie vous accueille dans son nouveau style art déco, très lumineux, dans les tons jaune orangé. Des plats de terroir et un impressionnant banc de fruits de mer.
Carte : environ 55 €
Place des Ternes. Tél. 04.96.21.22.00

Le Lagon
Viandes, salades, pizza, pâtes.
Vente à emporter. Ouvert 7 jours sur 7 midi et soir. Repas groupes. Menus 15 €, 20 € et 25 €. Plages Mourillon
Tél. 04.94.42.29.29

Restaurant Le Sud
David Millour et Didier Marion vous accueillent au cœur du golf dans un cadre provençal. Carte : 40 €. Le midi 20 € sauf dimanche et jours fériés. Golf Estérel, 83700 Saint-Raphaël
Tél. 04.94.44.67.86

1. What number would you ring if you wanted?
    (a) to eat in the shade
    (b) air conditioning
    (c) home-made bread
    (d) a take-away meal
    (e) to eat seafood

2. When is dancing free in Le Voltaire?

3. When can you get the €20 menu in Restaurant Le Sud?

Exercice 4

Des Restaus à hauteur d'enfants

Pourquoi les enfants adorent-ils aller au fastfood ? Dans son passionnant essai *Libres ensemble* (éd. Nathan), le sociologue François de Singly et l'une de ses étudiantes, Julie Janet Chauffier, ont mené l'enquête.

- On emmène les enfants au McDo comme on pourrait les inviter au cinéma ou au manège. Il y a autant de convives enfants qu'adultes. Les hôtesses sont munies de drapeaux et de ballons, et le clown McDonald se promène parmi les tables. Un jouet est livré avec le menu enfant. Tout est « cadeau » : emballages, pailles, serviettes.
- Au McDo, on se résigne à manger « enfantin » comme on pourrait manger « chinois ». La carte du menu est supprimée : les produits sont photographiés en grand au-dessus des caisses pour permettre aux enfants de commander leurs plats tout seuls. Le mobilier est adapté : chaises hautes pour les bébés, tables basses en forme d'animaux comme à la crèche, comptoirs et distributeurs accessibles.
- Les repas sont moins formels qu'à la maison ou dans un restaurant classique. Tout le monde mange avec les doigts. Ici, les enfants ont le droit de jouer avec la nourriture et de se lever de table et ne sont pas obligés de mettre une serviette. Le repas est bref et chacun mange à son rythme dans l'ordre qui lui plaît. On n'est pas obligé de tout finir. Les restes vont à la poubelle ! Enfin, les conversations sont forcément décousues à cause du bruit. Les enfants peuvent interrompre les adultes, parler tous en même temps ...
- Au McDo, certains parents acceptent, pour un moment, de se mettre à égalité avec leurs enfants et ne jouent plus aux gendarmes. Les parents séparés y voient une occasion de se libérer de la corvée des courses tout en étant sûrs de faire plaisir à leur enfant : c'est leur « petite sortie à deux ».

Give four reasons why according to this article children love McDonald's.

1.
2.
3.
4.

Exercice 5

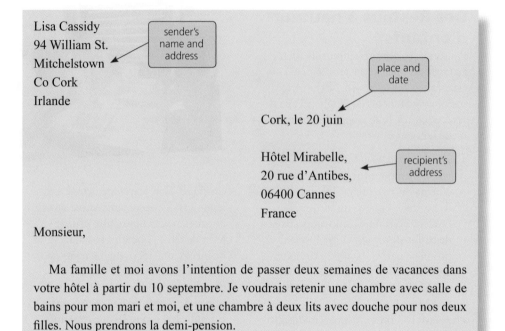

Lisa Cassidy
94 William St.
Mitchelstown
Co Cork
Irlande

sender's name and address

place and date

Cork, le 20 juin

Hôtel Mirabelle,
20 rue d'Antibes,
06400 Cannes
France

recipient's address

Monsieur,

　Ma famille et moi avons l'intention de passer deux semaines de vacances dans votre hôtel à partir du 10 septembre. Je voudrais retenir une chambre avec salle de bains pour mon mari et moi, et une chambre à deux lits avec douche pour nos deux filles. Nous prendrons la demi-pension.

　Quels sont les possibilités de loisirs dans les environs ? Est-ce qu'il y a un parking privé dans l'hôtel ? Je vous serais reconnaissante de bien vouloir confirmer cette réservation et de m'envoyer vos tarifs ainsi que des dépliants sur la région.

　Veuillez agréer, Monsieur, l'expression de mes sentiments distingués.

Lisa Cassidy.

name/signature of sender

formal ending

1. How long are the Cassidys staying in Cannes?
2. What type of rooms do they book?
3. What two questions do they ask?
4. What do they ask the hotel manager to send them?
5. Find the expressions in French for:
   (a) We intend to spend
   (b) I would like to book
   (c) Please send me your prices
   (d) Yours faithfully.

Exercice 6

HÔTEL CRISTAL ★ ★ ★ ★
13–15, Rond-Point Duboys d'Angers 06400 CANNES
Tél. 04.93.39.45.45 • Fax : 04.93.38.64.66

4 ÉTOILES
Confort haut de gamme,
Ambiance intime et raffinée
51 CHAMBRES ET SUITES Terrasse
panoramique et piscine au
6ème étage

• • •

BAR-AMBIANCE vous propose : *Petits
déjeuners, Plats du jour, Apéritifs,
Tapas . . .* Tous les vendredis soirs, de
18h30 à 19h30, ORCHESTRE DE JAZZ
Ouvert toute la journée

RESTAURANT et son Bar 'LE PASTAGA'
Formule à 15 €, menu à 25 € et carte
+ 30 variétés de vins de Provence
Ouvert midi et soir

*À 100 m de la mer, 400 m du
Palais des Congrès, en plein
centre de Cannes*

Hôtel Cristal – True or False?

	True	False
1. This hotel is near the sea.	❏	❏
2. It does not have a swimming pool.	❏	❏
3. It serves breakfast in the bar.	❏	❏
4. There is music every Thursday evening.	❏	❏

Exercice 7

La Rochelle

Vieux port, hôtels particuliers et remparts font tout le charme de cette cité unique. Capitale européenne de la voile, elle est, aussi, un port de plaisance de renommée mondiale. La Résidence Locative Pierre & Vacances fait face au port de plaisance des Minimes, point de départ des régates.

Cadre de vie
Résidence Locative
Située à 50 m des commerces et 150 m de la plage, la Résidence est composée de petits studios pour 2 ou 3 personnes.

Dans tous les appartements : Séjour avec un lit double ou deux lits simples (lit simple dans l'entrée si 3 personnes), coin-cuisine équipé (2 plaques électriques, réfrigérateur et mini-four), salle de bains ou salle de douches avec w.-c. Téléphone.

Sports et détente
• **Dans la Résidence**
- **Piscine privée** avec terrasse-solarium et transats.
- **1 court de tennis :** 8 € de l'heure.
- Volley-ball, ping-pong.

- **Aire de jeux pour enfants.**
- **Salle de jeux** avec jeux vidéo, billard, babyfoot et flipper. Prêt de jeux de société.

• **Dans la station et ses environs**
- **Planche à voile, catamaran** avec le centre nautique des Minimes à 500 m.
- **Sorties en mer,** croisières à la carte
- **Golf Blue Green** 18 trous de la Prée en Marsilly à 15 km.
- **Aquarium marin** du port des Minimes **(tarifs préférentiels).**

Découverte
La Rochelle, le vieux port et ses tours, ses musées et ses richesses architecturales. Excursions vers **l'île de Ré, les îles d'Aix et d'Oléron.** Parmi les événements de l'été : les **Francofolies** en juillet et le **Grand Pavois** en septembre.

1. What is La Rochelle the European capital of?
2. Where is this holiday complex situated?
3. Name three sports that you can do in the complex.
4. Name two sports that you can do nearby.
5. Name two things to see in La Rochelle.

Aix-en-Provence

Ville d'art, capitale de la Provence et berceau de Cézanne, Aix-en-Provence a conquis une renommée internationale grâce à son festival d'art lyrique. La Résidence Hôtelière Pierre & Vacances est située à deux pas du centre historique et de son animation.

Cadre de vie
Résidence Hôtelière

Voisine de la place de la Rotonde et du célèbre Cours Mirabeau, la Résidence Hôtelière propose des appartements spacieux. Services hôteliers inclus : lits faits à l'arrivée, linge de toilette avec un changement en milieu de semaine, ménage en milieu de semaine (excepté le coin-cuisine et la vaisselle), kit produits d'entretien et télévision. Dans tous les appartements : séjour, coin-cuisine entièrement équipé (2 plaques électriques, réfrigérateur, mini-four et mini-lave-vaisselle), salle de bains, w.-c. indépendants. Télévision. Téléphone. Voir précisions p. 4–5 du guide des prix.

Découverte

Aix et toutes ses richesses : ses hôtels particuliers, ses fontaines, ses musées. La Provence, terre de contrastes, ses couleurs et ses saveurs. Les villages du Lubéron et la vallée de la Durance.

SERVICES

- Réception 24 h/24.
- Ascenseur.
- Parking couvert : 40 € pour une semaine, selon disponibilité.
- Petit déjeuner : 5 € par personne par jour.
- Services 'à la carte' (voir p. 6 du guide des prix).
- Laverie.
- Location de voitures.
- Coffres-forts individuels gratuits.

1. What type of town is Aix?
2. Name two services that the hotel offers all guests.
3. Name three things that are in every kitchen.
4. Name two things that you can see in Aix.
5. What costs €5 per person?
6. What can be rented at the hotel?

J'écoute

Exercice 1 · À la réception

 Track 30

Three people book rooms in a hotel.

1.

Type of room/s reserved:	
No. of nights:	
With bathroom or shower:	
Price per night:	

2.

Type of room/s reserved:	
No. of nights:	
With bathroom or shower:	
Price per night:	

3.

Type of room/s reserved:	
No. of nights:	
With bathroom or shower:	
Price per night:	

Exercice 2 · Vous avez choisi ?

(T) Three people order meals in a restaurant. Fill in the grids.

1.

Starter:
Main course:
Dessert:
Drink:

2.

Starter:
Main course:
Dessert:
Drink:

3.

Starter:
Main course:
Dessert:
Drink:

Exercice 3 · Une soirée au restaurant

 Track 31

An evening out in a restaurant.

1. When was the table reserved for?
2. What type of table did they reserve?
3. What did the lady have as her main course?
4. What did the man have as a starter?
5. What did the man have to drink?
6. What did the lady have to drink?
7. What did the man have for desert?
8. What did the lady ask the waiter to bring them?
9. How much did the meal come to?
10. How much did they leave as a tip?

 # J'écris

Exercice 1

Unjumble the words in the following questions.

1. vous une pour personnes chambre deux Avez
2. êtes à commander Vous prêts
3. une de avez libre Vous table
4. remplir pouvez cette Vous fiche
5. qu'il de a boîte Est-ce nuit y une
6. pour nuits C'est combien de
7. pour Qu'est-ce vous commencer que voulez
8. le jour C'est plat quoi du
9. une non-fumeurs Vous table avez
10. Est-ce petit est déjeuner que le compris

Exercice 2

Write the questions in French which would match the following answers.

1. Oui, je vais prendre le plat du jour.
2. C'est pour cinq nuits.
3. Nous sommes cinq, deux adultes et trois enfants.
4. Pour commencer je vais prendre le potage du jour.
5. Oui bien sûr, nous acceptons toutes les cartes de crédit.
6. Oui j'ai une table de libre à huit heures.
7. Vous trouverez un téléphone en face des toilettes.
8. Aujourd'hui c'est du poulet rôti avec des légumes.
9. Oui, nous avons une chambre avec salle de bains.
10. Non, le petit déjeuner coûte vingt euros.

Exercice 3 · Exam practice

Your name is Colm/Catriona Byrne. Your address is 8 Elmtree, Tullow, Co. Carlow.
You wish to book accommodation in France for your family.
Write a formal letter to the owner of the hotel (M. or Mme Lanoux, Hôtel Splendide,
12 place Victor Hugo, 38000 Grenoble, France) in which you:

- say that you want to book two double rooms for five days in spring
- say that you and your parents will arrive on 5th April, 2011
- ask if breakfast is included in the price
- say that a friend stayed in the hotel last year and was very happy.

Exam Focus

Remember to lay out and sign off your letter correctly. Look at the letter on page 222 if you need help.
- Both addresses must be used
- Address must be written in the correct place on the page
- Place and date must be written in the same way as for the informal letter
- The greeting must be formal, e.g. Monsieur/Madame
- An appropriate formal ending must be used

Now Test Yourself

Translate the following sentences into French.

1. I would like the dish of the day.
2. I would like a table for four people.
3. Do you have a room for two adults and a child?
4. Where are the toilets?
5. To start I will have the soup.
6. I would like a room with a bathroom.
7. Have you decided?
8. The bill, please.
9. I would like to book a table for two people for this evening.
10. I would like to book a twin room for three nights.

Chapitre 18

La santé

📖 Je lis

This chapter is about health and illness. You will find out how to say what is wrong with you, how to understand what the doctor tells you to do and how to ask for what you need at the pharmacy.

Le corps

la tête	head
les cheveux	hair
le visage	face
les yeux (l'œil)	eyes
les oreilles	ears
le nez	nose
la bouche	mouth
les dents	teeth
la gorge	throat
le cou	neck
l'épaule	shoulder
le bras	arm
la main	hand
les doigts	fingers
le dos	back
la jambe	leg
le genou	knee
la cheville	ankle
le pied	foot

les doigts

les yeux (l'œil)

la tête

les cheveux

le nez

les oreilles

la bouche

le visage

la gorge

la main

les dents

le cou

l'épaule

le cœur

le dos

les poumons

l'estomac/
le ventre

le bras

la jambe

le genou

la cheville

les doigts de pied/
les orteils

le pied

les doigts de pied/ les orteils	toes
le cœur	heart
les poumons	lungs
l'estomac/le ventre	stomach

Qu'est-ce qu'il y a ?

Qu'est-ce que vous avez ?

Qu'est-ce qui ne va pas ?

Je ne me sens pas bien	I don't feel well
Je me sens malade	I feel sick
Je n'ai pas d'appétit	I have no appetite
Je suis enrhumé/J'ai un rhume	I have a cold
Vous avez l'air malade	You look sick
je suis hors d'haleine	I am out of breath
j'ai mal à la tête	I have a headache
avoir mal à la gorge	to have a sore throat
avoir mal au ventre	to have a sick stomach
avoir mal aux dents	to have a toothache
avoir mal à l'oreille	to have an earache
avoir mal à la jambe	to have a sore leg
avoir mal au dos	to have a backache
avoir la grippe	to have the flu
aller mieux	to get better
arracher une dent	to take a tooth out

Expressions utiles

Je voudrais prendre un rendez-vous chez le médecin/le dentiste	I would like to make an appointment with the doctor/dentist
Je voudrais de l'aspirine, s'il vous plaît	I would like some aspirin please
Avez-vous quelque chose contre …	Have you something for …
Qu'est ce qu'il faut faire ?	What should I do?
Utilisez un sparadrap	Use a plaster
Restez au lit	Stay in bed
Prenez des antibiotiques	Take some antibiotics

| Buvez beaucoup d'eau | Drink lots of water |
| Je vais vous donner une ordonnance | I am going to give you a prescription |

Les verbes

respirer	to breathe
maigrir	to lose weight
grossir	to gain/put on weight
tousser	to cough
mourir	to die
naître	to be born
guérir	to cure
se fatiguer	to get tired
pleurer	to cry
transpirer	to sweat
saigner	to bleed
se casser le/la...	to break your...
se blesser le/la...	to hurt your...

Les noms

l'ambulance	ambulance
le cachet/la pilule	tablet
la blessure	wound
l'hôpital	hospital
la toux	cough
la fièvre	fever
les coups de soleil	sunburn
une crise cardiaque	a heart attack
une intoxication alimentaire	food poisoning
la rougeole	measles
la douleur	pain
le médecin	doctor
l'infirmière	nurse
le pharmacien	chemist

Exercice 1

Match up the symptoms (1–5) with the remedy (a–e).

SYMPTOMS	REMEDIES
1. J'ai mal à la tête. ☐	(a) Appliquez de la crème solaire et buvez beaucoup d'eau.
2. J'ai la toux. ☐	(b) Prenez une pastille pour la gorge toutes les trois heures.
3. J'ai pris un coup de soleil. ☐	(c) Restez au lit, buvez beaucoup d'eau et ne mangez rien pendant vingt-quatre heures.
4. J'ai mal à la gorge. ☐	(d) Prenez un cachet d'aspirine trois fois par jour.
5. J'ai mal au ventre et j'ai vomi ce matin. ☐	(e) Prenez une cuiller à soupe de sirop trois fois par jour, avant les repas.

Exercice 2

TOUT SUR SA SANTÉ

Bébé Santé, le bimestriel grand public conçu par une équipe de spécialistes, est disponible gratuitement dans les salles d'attente de plus de 3,000 pédiatres. On peut également s'y abonner pour 10 € par an.

La totalité des bénéfices est reversée à la Fondation pour l'enfance, une association s'occupant de la santé des enfants.

Renseignements au 01 60 19 68 15.

1. How much does a copy of the magazine Bébé Santé cost?
2. Where can you get it?
3. What does the organisation 'la Fondation pour l'enfance' look after?

PERMANENCE DE SOINS DE NICE
En cas d'absence de votre médecin habituel un des
médecins généralistes de votre quartier répondra 24h sur
24h y compris dimanches et jours fériés.
Téléphonez au 04.92.56.43.45

When would you ring this number?

Exercice 3

Non à la rougeole

Depuis cinq ans, seuls 82 % des
enfants de 2 ans sont vaccinés.
Le rattrapage entre l'âge de 2 et
6 ans laisse encore 10 % d'enfants
non vaccinés, malgré la gratuité
du vaccin ROR (rougeole-oreillons-
rubéole). Pour éradiquer la maladie,
il faudrait que plus de 95 % de
la population le soit. Un conseil :
vaccinez une première fois votre bébé
vers 12 mois. Aujourd'hui, 50 %
des cas surviennent chez les plus de
10 ans, avec parfois de très graves
conséquences.

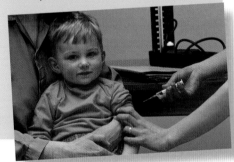

1. What does the figure 82% refer to?

2. At what age should a baby be vaccinated against measles?

3. 50% of measles occur in what age group?

Exercice 4

États-Unis
5.700 piétons sont tués chaque année. Un sur sept est un enfant. Aussi l´association 'Pour une Amérique piétonne' organise-t-elle, une fois par an, une journée de l´accompagnement à pied des enfants, pour rappeler aux autorités locales que la marche est un mode de déplacement à prendre en considération.

1. What does the figure 5,700 represent?
2. What proportion of these are children?
3. How often is the 'Walk with your children Day' organised?

Exercice 5

Bouger c'est excellent

L'activité physique a deux intérêts : elle aide à perdre du poids, et elle fait 'brûler' du sucre. Pour redémarrer un sport, il faut demander l'avis du médecin. Des activités simples mais efficaces, comme la marche rapide, la natation, le vélo, sont conseillées. L'idéal est d'y consacrer une demi-heure à une heure, trois à quatre fois par semaine. Aux personnes nullement sportives avant, le médecin recommande de se remettre en condition doucement, avec de petites séances dont le temps est augmenté chaque semaine.

1. Give two advantages of physical exercise.
2. Before starting a sport what should you do?
3. List three recommended sports.
4. How often should you practise a sport?

Exercice 6

L'alcool tue aussi en Irlande.

Les autorités irlandaises viennent de relancer une campagne contre l'alcoolisme qui fait des ravages chez les jeunes. D'après les chiffres officiels, la consommation d'alcool, pas seulement sous forme de bière, a augmenté de 50 % au cours des dix dernières années. Ce qui place l'Irlande à la troisième place pour la consommation d'alcool dans le monde. Ce sont les jeunes qui sont le plus touchés par la progression de l'alcoolisme. Depuis le début de l'année les policiers de Dublin ont arrêté 20.000 personnes pour ivresse sur la voie publique.

1. According to this article, what has happened over the last ten years?

2. Who is most affected by the increase?

 J'écoute

Exercice 1 · Chez le docteur

 Four people visit their doctor.

1.

Symptoms:
Illness:
Solution:

2.

Symptoms:
Illness:
Solution:

3.

Symptoms:
Illness:
Solution:

4.

Symptoms:
Illness:
Solution:

Exercice 2 · À la pharmacie

🎧 **Track 33**

Three people go to the chemist's.

1.

Problem/illness:
Item/s bought:
Amount paid:

2.

Problem/illness:
Item/s bought:
Amount paid:

3.

Problem/illness:
Item/s bought:
Amount paid:

Exercice 3

 An interview with Doctor Duclos, who is giving advice about good eating habits.

1. How much water should one drink a day?
2. Give one tip that the doctor gives to help people drink water.
3. Name two drinks that should be avoided.
4. Why should you not eat late in the evening?
5. What does he suggest having for breakfast?
6. What two things should you try to eat every day?
7. How often should you eat meat?
8. Name three things you should limit in your diet?
9. Why should you avoid fatty foods?
10. What number should you ring if you have a question?

J'écris

Exercice 1

Look at the pictures and write a sentence describing what is wrong. The first one has been done for you.

1. J'ai mal à la tête.

Exercice 2

Write out your good intentions for getting healthy in full sentences. The first one has been done for you.

1. Go swimming once a week. *Je vais faire de la natation une fois par semaine.*
2. Go to bed early.
3. Eat fruit and vegetables every day.
4. Walk to school.
5. Never smoke.
6. Do sport.
7. Not eat sweets.
8. Drink lots of water.

Exercice 3 · Exam practice

You come in to your French class one morning and you haven't done your homework. You decide to write a short note in French to the teacher explaining why. In your note tell him/her that:

- you have not done your homework and you are sorry
- you had a headache last night and you went to bed early
- you will do the homework this evening.

Now Test Yourself

Translate the following phrases into French.
1. I have an earache.
2. I don't feel well.
3. I have the flu.
4. I am going to give you a prescription.
5. Have you something for sunburn?
6. I am out of breath.
7. Sit in bed and drink lots of water.
8. Don't eat anything for twenty-four hours.
9. What's the matter?
10. I hope you get better soon.

Chapitre 19
Les accidents de la route

 **Je lis**

The following words and phrases will help you with this chapter which deals with road and traffic accidents.

Les verbes

conduire	*to drive*
s'arrêter	*to stop*
blesser	*to injure*
renverser	*to knock down*
entrer en collision avec	*to collide with*

tuer	to kill
klaxonner	to sound a horn
freiner	to brake
stationner	to park
heurter	to hit
dépasser/doubler	to pass/overtake
ralentir	to slow down
accélerer	to accelerate
rouler	to travel/move
déraper	to skid

Les expressions

être tué sur le coup	to be killed instantly
brûler un feu rouge	to go through a red light
être transporté à l'hôpital	to be taken to hospital
au volant	at the wheel
gravement/grièvement blessé	to be seriously injured
mortellement blessé	to be fatally injured
cent kilomètres à l'heure	100 kilometres an hour
à toute vitesse	at full speed
en état d'ivresse	under the influence of alcohol
perdre le contrôle	to lose control

Les moyens de transport

le camion	*truck/lorry*
la camionnette	*van*
l'autobus	*bus*
l'autocar	*coach*
la voiture/l'auto	*car*
le taxi	*taxi*
la moto	*motorbike*
la mobylette	*moped*
le vélo/la bicyclette	*bicycle*
la remorque	*trailer*
le poids lourd	*articulated lorry*
le train	*train*
le bateau	*boat*
l'avion	*plane*

Les personnes

le chauffeur	*driver*
le piéton	*pedestrian*
le blessé	*injured person*
le routier	*truck driver*
le/la mort(e)	*dead person*
le gendarme/policier	*policeman*
les sapeurs-pompiers	*rescue services*

Les endroits

le rond-point	*roundabout*
le trottoir	*pavement*
le carrefour	*crossroads*
la rue	*road/street*
l'autoroute (f)	*motorway*
le virage	*bend*
les feux de circulation	*traffic lights*

Exercice 1

You are driving in France and you see the following signs.

1. Which sign reminds you about the speed limit?
    (a) péage à 20 km ❏
    (b) limitation de vitesse ❏
    (c) jardin public ❏
    (d) feux de circulation ❏

2. Which sign tells you that parking is forbidden?
    (a) tarif réduit ❏
    (b) syndicat d'initiative ❏
    (c) verglas fréquent ❏
    (d) stationnement interdit ❏

3. Which sign warns you about lorries coming onto the road?
    (a) virages sur 2 km ❏
    (b) priorité à droite ❏
    (c) sortie de camions ❏
    (d) location de vélos ❏

4. What do the other signs mean?

Exercice 2

In each of the following groups of words, pick the odd one out.

1. (a) le camion ❏
    (b) la voiture ❏
    (c) le poids lourd ❏
    (d) le cartable ❏

2. (a) heurter ❏
    (b) stationner ❏
    (c) entrer en collision avec ❏
    (d) renverser ❏

3.   (a) la dinde   ❏
     (b) le trottoir   ❏
     (c) le carrefour   ❏
     (d) le rond-point   ❏

Exercice 3

Une moto heurtée par une voiture qui a pris la fuite

Dimanche aux alentours de 5 heures du matin, une moto de marque Honda circulant à hauteur du Motel de Saint-Aygulf en direction de Saint-Tropez a été percutée par une voiture de couleur blanche. Le motard et sa passagère ont chuté au sol. Le conducteur du véhicule a de son côté continué son chemin, laissant les deux malheureuses victimes, qui ont été évacuées vers l'hôpital Bonnet pour y subir des examens.

TRUE OR FALSE

		True	False
1.	The accident happened on Sunday afternoon	❏	❏
2.	The motorbike was hit by a grey car.	❏	❏
3.	Both the driver of the bike and his passenger fell.	❏	❏
4.	They were taken to hospital by the driver of the car.	❏	❏

Exercice 4

Read the following newspaper article and answer the questions which follow.

> Jeudi soir, un train a heurté une voiture à un passage à niveau à 52 kilomètres de Lyon. L'accident a eu lieu à 20 h 10. Il paraît que la voiture, une Renault 19, est tombée en panne quelques minutes avant l'arrivée du train. Le chauffeur, qui était seul dans la voiture, avait réussi à quitter son véhicule avant la collision. Heureusement, il n'y a pas eu de morts.

1. When did the accident happen?
2. Where did the accident happen (2 points)?
3. What happened to the car?
4. How many people were killed?

Exercice 5

Read the following notice and answer the question which follows.

> **TOUT LE MONDE DOIT ÊTRE PRÉPARÉ À TOUT**
> Savez-vous que faire si un accident se produit en route ?
>
> Le meilleur secouriste est celui qui en cas d'accident :
> • ne perd pas la tête
> • reste calme
> • sait quand alerter les services de secours

Name two things this notice advises you to do should an accident happen.

Exercice 6

ACCIDENT MORTEL À MOTO

À Sanary, un jeune Ollioulais a perdu le contrôle de l'engin qu'il était en train d'essayer.

C'est un nouveau deuil qui touche une famille ollioulaise depuis la terrible nuit du 14 juin au 15 juin. En effet, il est deux heures du matin ce jeudi quand Laurent Baldazzini, un Ollioulais de 30 ans, décide, à l'issue d'un repas entre amis en bord de mer, d'essayer la moto d'un copain, une grosse cylindrée (Honda 900) ... Malheureusement, alors qu'il circulait sur la corniche, au 774 route de Bandol, Laurent perdait le contrôle du bolide et venait violemment heurter un pylône électrique situé sur le bas-côté. Mort sur le coup, il sera conduit à la morgue par les sapeurs-pompiers. Cette nuit-là, les policiers sanaryens ont tenté de reconstituer les faits qui ont conduit à ce drame. Ainsi, selon leurs premières conclusions, le jeune motard roulait, semble-t-il, assez vite et sans le minimum de protection exigé par la loi.

True False

1. This accident happened at two o'clock on Friday morning. ❏ ❏
2. Laurent Baldazzini had just had a meal with his friends in town. ❏ ❏
3. He lost control of the bike and hit an electricity pylon. ❏ ❏
4. He was killed instantly. ❏ ❏
5. He was going fast but was wearing a helmet. ❏ ❏

Exercice 7

SAINT-PAUL DE FENOUILLET

Violent choc frontal

Lundi 16 août. Deux voitures se sont percutées de face sur la RD 117 entre Claudiès de Fenouillèdes et Saint-Paul de Fenouillet, en fin de matinée. Deux personnes ont été gravement blessées dans l'accident, une femme de 48 ans acheminée en urgence absolue au centre hospitalier par l'hélicoptère de la sécurité civile, et un homme de 55 ans transporté par l'hélicoptère du Samu. Deux autres victimes ont été plus légèrement blessées, une femme de 53 ans et un homme de 23 ans. Le tronçon de route sur lequel s'est produit l'accident est bien connu des pompiers pour les accidents violents qui s'y produisent. La circulation a été fortement perturbée pendant plusieurs heures.

(La Semaine du Roussillon)

1. When did this accident happen?

2. How many people were injured in all?

3. What are we told about the road where the accident happened?

 ## J'écoute

Exercice 1 · Les informations

 ## Track 34

You will now hear three short news reports about accidents that have taken place. Fill in the details in the grid below.

Time of accident	Place accident occurred	Vehicles involved	No. of people dead/injured
1.			
2.			
3.			

Exercice 2 · Accident d'avion

Track 35

You will now hear a news report about an accident. Listen carefully and answer the true/false questions.

		True	False
1.	The accident happened on Friday morning	❑	❑
2.	The flight was coming from London.	❑	❑
3.	The two pilots and 180 passengers were killed.	❑	❑
4.	The cause of the accident is not yet known.	❑	❑

Exercice 3 · Jeune garçon blessé

Listen to this short report about a road accident and fill in the missing words.

Un _____ s'est produit hier matin, peu après _____ heures dans le

centre-_____ de Cannes. Alexandre Moreau, âgé de _____ ans, traversait

la route, lorsqu'il a été renversé par une _____ conduite par Monsieur Pierre

Latour. Souffrant de fractures aux _____, le petit _____ a été hospitalisé.

Exercice 4 · Accident de la route

Listen to a news report about an accident and answer the questions which follow.

1. When did the accident happen?
2. How many students were on the bus?
3. What nationality were the students?
4. What had they been doing in France?
5. What age was the girl who died?
6. What subject did the teacher who died teach?
7. How many people were seriously injured?

✎ J'écris

Exercice 1

Unjumble the words in the following phrases.

1. a Il coup sur tué été le
2. le contrôle a perdu du camion routier Le
3. chauffeur rouge Le brûlé feu a un
4. blessé l'hôpital a Le transporté à été
5. cent conduisait Le à kilometres à gendarme l'heure
6. conduisait en L'homme d'ivresse état
7. roulait La à vitesse femme toute
8. la morts un Deux sont dans accident piétons de route
9. volant jeune y avait Il un homme au
10. hier lieu eu L'accident a soir

Exercice 2

Rearrange these sentences into the correct order to describe your journey from Kilkenny to your girlfriend's house in the centre of Paris. (The first sentence is f.)

a. Puis, je prends le bus jusqu'à l'aéroport.
b. Ensemble nous prenons le métro jusque chez elle.
c. Mon père me conduit à la gare.
d. J'arrive deux heures avant mon vol.
e. Je prends le train pour aller à Dublin.
f. D'abord, je pars de chez moi en voiture.
g. Arrivé à l'aéroport Charles de Gaulle, je prends un train jusqu'à la Gare du Nord.
h. Je prends mon vol pour Paris.
i. Là, à l'heure prévue je rencontre ma copine.

Exercice 3 · Exam practice

You got a letter from your penfriend Martin/Martine three weeks ago and you are sorry that you have not replied before now. Write a letter in French to Martin/Martine in which you:

- apologise for not having replied sooner
- tell about a minor accident that happened in your home
- tell about the new car your family has bought
- say school is interesting (or boring) at the moment
- say that you are going to England on a school tour next week.

Now Test Yourself

Translate the following phrases and sentences into French.

1. The accident happened at the crossroads.
2. The pedestrian was killed instantly.
3. Two men were fatally injured.
4. To drive at full speed
5. To brake at the traffic lights
6. To park beside the town hall
7. To knock down three pedestrians
8. The lorry went through a red light.
9. The truck driver slowed down at the bend.
10. The car hit a motorbike.

Chapitre 20
Les actualités

 **Je lis**

This chapter deals with news articles.

Les personnes

un roi	*a king*
une reine	*a queen*
un chef de parti	*a party leader*
un politicien	*a politician*
un avocat	*a lawyer*
un témoin	*a witness*
un voyou	*a hooligan*
un juge	*a judge*
un voleur	*a robber/thief*
une victime	*a victim*

La politique

une élection	*an election*
une ambassade	*an embassy*
la loi	*law*
le parlement	*parliament*
un État	*a State*

Les crimes

un vol à main armée	*armed robbery*
un cambriolage	*a burglary*
une attaque à main armée	*a hold-up*
un détournement	*a hijacking*
un meurtre	*a murder*
une agression	*an attack*

Les désastres

une inondation	*a flood*
une grève	*a strike*
un ouragan	*a hurricane*
un orage	*a storm*
une avalanche	*an avalanche*
des dégâts	*damage*
un séisme	*an earthquake*
un tremblement de terre	*an earthquake*
un incendie	*a fire*
la guerre	*war*
la drogue	*drugs*
le Tiers Monde	*the Third World*
l'échelle de Richter	*the Richter scale*
une amende	*a fine*
la peine	*punishment*

Les verbes

accuser de	*to charge with*
arrêter	*to arrest*
assassiner	*to murder*
blesser	*to injure*
cambrioler	*to burgle*
condamner	*to condemn*
s'effondrer	*to collapse*
se noyer	*to drown*
tuer	*to kill*
voler	*to steal*

Exercice 1

Justice

Robin Ferrière, 27 ans, qui comparaissait depuis vendredi devant les assises de Paris pour des « violences habituelles ayant entraîné la mort » de son fils, Antonin, âgé de trois mois, a été condamné hier soir à huit ans de prison. L'avocat général avait requis une peine « autour de dix à douze ans » de réclusion.

1. Who did Robin Ferrière kill?
2. What punishment did he get?

Exercice 2

Pitbulls

Kofi Sahouot, 23 ans, le propriétaire des chiens de type pitbull et de l'américan Staffordshire terrier, dont deux au moins ont sérieusement blessé samedi soir une mère et sa fille de 17 ans à Puiseux-en-France (Val-d'Oise), a été remis hier soir en liberté à l'issue de sa garde à vue. Les bêtes ont, en revanche, été maintenues au refuge SPA de Gennevilliers (Hauts-de-Seine).

1. Who was attacked by the dogs?
2. When were they attacked?

Exercice 3

Inondations

Les corps de Fatima, 22 ans, et de son frère Mohamed, 10 ans, disparus le 14 juin à la suite d'inondations dans l'Hérault, ont été retrouvés hier au milieu de la rivière Orbes. Les deux victimes avaient été emportées par la rivière en crue après de violents orages alors qu'ils circulaient en voiture avec leur mère. Celle-ci avait pu se sortir de l'eau.

1. When were Fatima and Mohamed's bodies found?
2. How did they die?

Exercice 4

Un lézard géant aux Canaries

DÉCOUVERTE

Des biologistes espagnols ont découvert un lézard de 50 centimètres de longueur, sur l'île de la Gomera (Canaries). L'animal appartient à une espèce que l'on croyait disparue depuis 500 ans. Le *Galliota gomerona* a rejoint six reptiles d'autres espèces, gardés en captivité. Il y a peu d'espoir de trouver de nouveaux spécimens car les lézards sont la proie des chats domestiques, très nombreux sur cet îlot.

1. What nationality were the biologists who found the lizard?
2. Why is it unlikely any more will be found?

Exercice 5

Fondation

100.000 dollars contre le noma

Pour l'anniversaire du premier tour du monde en ballon sans escale, la fondation créée par Bertrand Piccard et Brian Jones (les Vents de l'Espoir) a remis hier sa première bourse de 100.000 dollars au programme d'action et de lutte contre le noma conduit par l'OMS (Organisation mondiale de la santé). Le noma, une stomatite gangréneuse qui mutile le visage de centaines de milliers d'enfants chaque année, peut être soigné par des traitements peu coûteux.

1. What is it the anniversary of?
2. What does OMS stand for in English?
3. What part of the body does the disease 'noma' affect?

Exercice 6

En état d'ivresse, il vole une paire de chaussures

FAITS DIVERS

En fin de semaine dernière, le propriétaire d'un magasin de chaussures, situé au centre-ville de Fréjus, alertait une patrouille pédestre de la police municipale pour désigner l'auteur d'un vol d'une paire de chaussures commis quelques instants avant. Les policiers municipaux procédaient à l´interpellation du suspect qui se trouvait en état d'ivresse, avant de le remettre à une patrouille de la police nationale. Ce dernier s´était rendu coupable la veille du vol d´un portefeuille sur une personne après l'avoir bousculée. Placé en garde à vue, il a été présenté au parquet et écroué à la prison de Draguignan.

1. When did the robbery take place?
2. What was stolen?
3. How was the man when he was arrested?
4. What else had he robbed?

Exercice 7

Véhicule sur le toit, conducteur sans permis

Ce week-end, les hommes de la brigade anti-criminelle sont intervenus lors d'un accident de la circulation sur la RN 98, à proximité du bâtiment 'Le Venise', où un véhicule s'était retourné sur le toit. Extrait de la voiture accidentée par des témoins, le conducteur, remis de ses émotions, a aussitôt pris la fuite. Grâce au signalement communiqué par des témoins, les hommes de la BAC ont, peu après, interpellé le conducteur à proximité des lieux de l'accident et qui était en état d'ivresse. L'intéressé n'était pas titulaire du permis de conduire. Placé en cellule de dégrisement puis en garde à vue, il a été remis en liberté mais il devra répondre ultérieurement de ces agissements devant la juridiction compétente.

1. What happened to the car?
2. Name two things that we are told about the driver.

Exercice 8

La terre tremble en Émilie-Romagne

Un séisme d'une magnitude de 4,7 sur l'échelle ouverte de Richter a ébranlé hier à 9 h 42 locales l'Émilie-Romagne, dans le nord de l'Italie. Quelques bâtiments ont été endommagés et la population s'est précipitée par centaines dans les rues mais on ne signalait aucune victime. À Reggio Emilia, le tremblement de terre s'est produit en plein défilé militaire présidé par le ministre de la Défense, Sergio Mattarella.

1. What happened yesterday at 9 h 42?
2. Where did it happen?
3. How many people were killed?

Exercice 9

TV5 – Destin d'un Couturier

Dimanche, la chaîne propose une interview de l'un des plus célèbres couturiers français, Hubert de Givenchy. Il a habillé les plus grandes dames de son époque, comme Audrey Hepburn ou Rose Kennedy. Il racontera son destin exceptionnel après une série de défilés haute couture. 16h15.

1. When will the interview take place?
2. Who is Hubert de Givenchy?

Exercice 10

Barrage de pêcheurs bretons

Les pêcheurs bretons ont organisé hier matin des barrages filtrants dans plusieurs ports de la région afin de protester contre la hausse des prix du carburant. Les pêcheurs doivent rencontrer jeudi à Paris le ministre de l´Agriculture et de la Pêche, Jean Glavany.

1. Who has organised the blockades?
2. When did they organise them?
3. What are they protesting against?
4. Who are they meeting on Thursday?

Exercice 11

Prison ferme pour des néo-nazis

Deux jeunes néo-nazis de 17 et 18 ans, jugés pour une tentative d'incendie criminel contre la synagogue d'Erfurt (ex-RDA), ont été condamnés respectivement par le tribunal de Gera à des peines de prison ferme de deux ans et trois mois et trois ans. L'attentat avait été commis le 20 avril, jour anniversaire de la naissance d'Adolf Hitler.

1. What crime are the two youths accused of?
2. What prison sentences did they get?
3. What is significant about the day the crime was committed?

Exercice 12

Algérie

Poursuite des tueries L'escalade de la violence enregistrée depuis une semaine s'est poursuivie en Algérie où douze personnes ont été tuées et cinq enlevées par des islamistes, rapporte la presse algérienne. Avant-hier, six jeunes, venus camper sur une plage à quelques kilomètres d'une station balnéaire à 70 km à l'ouest d'Alger, ont été tués par un groupe armé.

1. How many people have been killed?
2. What has happened to a further five people?
3. What were six young people doing when they were killed?

Exercice 13

Perpignan

Une grande surface évacuée

Samedi 14 août. La grande surface de bricolage Castorama a dû être évacuée en plein après-midi après plusieurs départs de feu à proximité. 3000 m² de broussailles ont brûlé, sans faire de blessé. L'incendie est selon toute vraisemblance d'origine criminelle.

(La Semaine du Roussillon)

1. What type of shop was evacuated?
2. When was it evacuated?
3. Why was it evacuated?

 ## J'écoute

Exercice 1 · Les infos de neuf heures

 ### Track 36

A morning news report – TRUE OR FALSE?

		True	False
1.	(a) In the South of France storms caused serious flooding yesterday evening.	❑	❑
	(b) Around twenty people were injured.	❑	❑
	(c) Three people were killed when a tree fell on their car.	❑	❑
2.	(a) In San Francisco an earthquake has killed ten people.	❑	❑
	(b) Several buildings were seriously damaged.	❑	❑
	(c) The earthquake measured 6 on the Richter scale.	❑	❑
3.	(a) The fire killed 14 people and injured 36.	❑	❑
	(b) The firemen got it under control very quickly.	❑	❑
	(c) The majority of the victims are aged between 15 and 17.	❑	❑
4.	(a) The European semi-finals in hockey have just been played.	❑	❑
	(b) France played against England.	❑	❑
	(c) France lost the match.	❑	❑
5.	(a) The forecast is for Sunday 5 July.	❑	❑
	(b) In the north of the country it will be overcast with bright spells in the afternoon.	❑	❑
	(c) The minimum temperature will be 8 degrees.	❑	❑

Exercice 2 · Les informations

 An evening news bulletin.

1.

    (a) When did the volcano erupt?

    (b) How many people had to be evacuated?

    (c) Who has gone to help the victims?

2.

    (a) What nationality is the girl who won the lottery?

    (b) How much has she won?

    (c) What does she intend buying with the money?

3.

    (a) What is the date today?

    (b) Where did the robbery take place?

    (c) At what time did it happen?

    (d) How much money was stolen?

4.

    (a) What happened to the little boy?

    (b) What age was he?

    (c) What was he doing in Quimper?

5.

    (a) What is the sport?

    (b) What two countries were playing?

    (c) What was the final score?

6.

    (a) What is the weather forecast for this evening?

    (b) What will minimum temperatures range between?

Exercice 3 · Les infos de six heures

 Track 37

1.

    (a) How many people died?

    (b) What caused their death?

    (c) Where were their bodies discovered?

2.

    (a) How many people were killed in this explosion?

    (b) When did it happen?

    (c) Where did the explosion occur?

3.

    (a) Where did the flooding occur?

    (b) How many people were injured?

    (c) How many houses were damaged?

4.

    (a) Who won the hockey match?

    (b) What was the final score?

    (c) When is the final?

5.

    (a) What will the weather be like in the morning?

    (b) What direction is the wind coming from?

    (c) What will the afternoon be like?

    (d) What temperatures are predicted for the afternoon?

 J'écris

Exercice 1

Fill in the blanks in the following postcards. The words needed are given.

1.

> Salut Paul,
>
> Me voici _____ vacances à
> Nice. Je reste dans une auberge de
> _____. Il fait beau et je m'amuse
> bien. Je nage tous les _____
> et le soir je _____ avec mes
> _____. Hier _____
> avons joué _____ tennis.
> J'espère _____ tu passes un bon
> _____ à Kerry.
> À bientôt,
> Vincent

séjour	que	jeunesse	amis	au
nous	jours	sors	en	

2.

> Salut Maman,
>
> Paris _____ super. C'est animé et
> j'adore les _____. Hier nous
> avons _____ la Tour Eiffel
> et Notre-Dame. J'ai pris _____
> de photos. Le _____ nous avons
> mangé dans un bon _____
> restaurant. Aujourd'hui on va _____
> le Louvre et le Musée d'Orsay et je vais faire
> un _____ de shopping. Je rentrerai le
> _____ juillet.
> Affectueusement,

vu	petit	soir	est	trois
beaucoup	visiter	magasins	peu	

3.

Salut John,

Me voici à Argelès _____ un grand camping. Je passe deux semaines _____. Il _____ du soleil. Nous avons rencontré des Irlandais et _____ jour on va à la _____ ensemble. Nous _____ de la natation et de la planche à _____. Je serai de _____ la semaine prochaine et je te téléphonerai.

À _____,

Paul

fait	chaque	retour	dans	plage
voile	ici	bientôt	faisons	

4.

Salut Marc,

Un grand bonjour _____ Cork. Je suis en vacances avec ma _____ ; nous restons _____ des amis à Schull. Il ne fait _____ très beau mais je m'amuse quand _____. La ville est pittoresque et je fais un _____ de voile. Je _____ deux semaines ici. Il y a beaucoup de _____ et la semaine dernière j'ai rencontré une fille très _____ ; elle s'appelle Eva. J'espère que _____ t'amuses bien à Biarritz.

Amitiés,

David

de	pas	chez	jeunes	passe
tu	famille	même	sympa	stage

Exercice 2

Paul is talking about his holidays last summer. Insert the correct past participle to complete the sentences.

Je suis _____ en France.

Nous avons _____ l'avion de Dublin à Paris.

Nous sommes _____ dans un hôtel près du centre.

J'ai _____ la Tour Eiffel et le Louvre.

Nous avons _____ des pains au chocolat tous les matins.

Le soir je suis _____ avec mon frère.

J'ai _____ une promenade en bateau sur la Seine.

J'ai _____ un t-shirt comme souvenir.

Exercice 3 · Exam practice

It's the month of May and you have just come back from a school tour to Paris. Write a letter to your French penpal Claire in which you:

- tell her when you arrived home and how you travelled
- talk about what you did on the school tour
- tell her that you have exams soon and have a lot of work to do
- mention something you are going to do this weekend
- ask her if she would like to come and stay with you during the summer.

Now Test Yourself

Translate the following phrases into French.
1. The king and the queen of England.
2. An armed robbery in a pharmacy.
3. A hold-up in a bank.
4. A judge and a lawyer.
5. An earthquake in the south of the country.
6. A fire in a school.
7. The party leader was injured.
8. To condemn to five years in prison.
9. Floods in the north.
10. To charge with murder.